모든것이 되는법
How to be Everything

모든것이 되는법

꿈이 너무 많은 당신을 위한 새로운 삶의 방식

How to be Everything

에밀리 와프닉 지음 | 김보미 옮김

웅진 지식하우스

센스는 지식을 이긴다.

— 매기 넬슨(Maggie Nelson)

CONTENTS

PART Ⅲ
우리를 가로막는 걸림돌 그리고 이를 뛰어넘을 기술

어쩌면 다능인일 당신에게

이 책을 집어든 당신은 아마도 '무엇이 되기를 원하는지' 그 목표를 하나로 좁혀가는 데 어려움을 겪고 있을 것이다. 나는 당신에게 그 해결책을 보여주려는 것이 아니다.

이 책은 하나의 집중 대상을 선택하고 나머지 다른 관심사들은 포기해야 하는, 그런 상황을 원치 않는 사람들을 위한 책이다. 아울러 새로운 것을 배우고 창조하며 여러 정체성 사이를 오고가는 데서 기쁨을 찾는, 별난 사람들을 위한 책이기도 하다.

당신은 한 가지 일만을 선택할 필요가 없다. 이는 아무도 당신에게 알려주지 않는 비밀이다. 이 책은 당신에게 지속 가능하고 유익한 직업을 구축하는 방법을 보여줄 것이다. 당신이 마음껏 모든 것이 될 수 있도록 해줄 직업을 말이다.

하지만 당부할 점이 있다. 이 책은 평범하지 않다. 그래서 평범한 독서 경험은 아닐 가능성이 크다. 다면적인 삶을 만들기 위해서는 자기성찰과 실험이 필요하다. 나는 당신의 길을 안내해주기 위해 여기 있지만, 그 과정에서 몇 가지 것들을 당신에게 요구하게 될 것이다. 그 요구 사항 중에는 길다란 목록 작성하기, 짜증 부려보기, 단어들의 이상한 조합 조사하기 등이 포함될 수도 있다. 그러니 펜과 종이를 준비하고, 기억하고 싶은 문장을 눈에 띄게 표시할 형광펜을 들자. 이것이 커다란 변화를 위한 시작점이다. 정말로 재미있는 경험이 될 것이다.

PART I

모든거?
이쪽세계에
오신걸
환영합니다

나는 처음으로
그동안 외면했던 자신에 대한 진실을 마주했다.
그렇다, 나는 그 무엇도 꾸준히 하지 못한다.

How to be Everything

1

당신에게는
아무런 문제가 없다

"에밀리?"

나는 식당에서 메뉴를 보다가 고개를 들었다. 내 앞에 서 있는 사람은 10대 시절, 내게 연기를 가르친 선생님이었다. 꽤 오랜 기간 연락하지 않았던 터라, 우리는 반갑게 포옹하고 그동안의 안부를 주고받았다.

"요새 뭐하고 지내?" 그녀가 물었다.

"가을부터 로스쿨에 다녀요." 나는 힘차게 대답했다. 그때 나는 계약법이나 재산법 같은 분야에 꽤나 매료되어 있었다. 그런 제도들을 통해 세상을 완전히 새로운 방식으로 볼 수 있었기 때문이다.

그런데 선생님의 반응은 내 예상과 달랐다. 그녀는 순간 당황한 얼굴을 하더니 고개를 갸우뚱했다.

"음. 나는 네가 영화감독이 될 거라고 생각했는데 말이야."

심장이 철렁했다. 그 단 한 문장의 말이 내 문제점을 정확하게 표현했기 때문이다.

나는 네가 영화감독이 될 거라고 생각했는데 말이야.

그건 거의 10년 전의 일이었다. 당시 스물세 살이었던 나는 스스로가 어떤 패턴에 따라 행동하고 있다는 사실을 서서히 깨닫게 되었다. 나는 새로운 분야에 빠져들면 완전히 몰두해서 닥치는 대로 가능한 한 모든 관련 정보를 빨아들인다. 그리고 아주 열정적으로 몇 가지 프로젝트를 완성한다. 하지만 몇 달 혹은 몇 년이 지나면, 놀라울 정도로 관심이 줄어들면서 이내 새롭고 흥미로운 다른 분야로 옮겨가고, 그때부터 같은 패턴이 반복된다. 일단 꽤 높은 수준으로 어떤 일에 능숙해지는 순간 따분함이 찾아온다. 물론 이때쯤 되면 사람들은 나를 보고 이렇게 말한다. "와 에밀리, 너 정말 잘하는구나. 딱 네 적성을 찾은 것 같은데?" 윽, 괜히 찔린다. 부끄러움이 밀려오는 순간이다.

이런 식으로, 그러니까 무언가에 매료되어 빠져든 채 관련 기술들을 습득하고는 이내 흥미를 잃어버리는 패턴은 나를 상당히 불안하게 만들었다. 이렇게 여러 분야에 돌아가면서 관심을 두는 건 오직 나뿐일 것이라 생각하니 외롭기까지 했다. 확실히 내 또래들은 나처럼 모든 걸 다 알려고 하기보다 어떤 하나의 목표를 향해 나아가는 것처럼 보였다. 반면에 나의 길은 음악이며 미술, 혹은 웹 디자인과 영화 제작, 법학 등으로 지그재그를 그리고 있어 그야말로 엉망이었다.

나의 옛 연기 선생님이 당혹감과 실망감이 역력한 표정으로 "네가 영화감독이 될 거라고 생각했다"라 말했을 때, 나는 처음으로 그동안 외면했던 나 자신에 대한 진실을 마주했다. 그렇다, 나는 그 무엇도 꾸준히 하지 못한다. 이 깨달음은 마치 마약중독자들이 환각에서 깨어나는 순간과 같아서, 절대 기분 좋은 느낌은 아니었다. 머릿속에 수만 가지 생각들이 떠올랐다. 나는 진짜 내 적성을 찾을 수 있을까? 애초에 내게 적성이란 것이 있을까? 그동안 해왔던 것들이 내 천직이 아니라면, 다음번에는 찾을 수 있을까? 과연 내가 몇 년 넘게 하나의 직업에만 만족할 수 있을까, 아니면 결국에는 모든 직업에 흥미를 잃어버리게 될까? 이중에서도 특히 가슴을 파고드는 질문이 있었다. 내가 행복하기 위해서 여러 분야를 넘나들어야만 하는 사람이라면, 과연 제 구실을 하는 사람이 될 수 있을까? 이런 생각들을 하고 나니, 나는 본질적으로 무언가를 완수하거나 끝낼 수 없는 사람일지도 모른다는 걱정이 들었다. 내게 문제가 있는 것이 분명했다.

누군가는 이런 생각들을 대수롭지 않거나 사치스러운 고민이라고 생각하거나, 내 또래들이 어른으로 성숙해가는 시기에 겪어야 하는 통과의례쯤으로 여길지도 모르겠다. 하지만 "내가 왜 이 일을 하고 있는가?"라는 질문은 모든 나이의 인간들이 고민하는 문제다. 직업뿐만이 아니라 정체성 자체에 혼란을 느낀다는 것은 절대 사소한 문제가 아니다. 그건 모든 것이 무기력해져버리는 경험이다.

커서 뭐가 되고 싶어?

당신이 어린 아이일 때, 커서 뭐가 되고 싶은지 질문받았던 경험을 기억하는가? 그때 어떤 기분이었는가? 내가 대여섯 살이었을 때를 떠올려보면, 어떤 대답을 했는지는 기억나지 않지만 대답하고서 어떤 일이 벌어졌는지는 또렷이 기억난다. 내 대답을 들은 어른들은 만족하고 뿌듯해하는 표정을 지었다. 나에게 정체성을 선언하는 건 기분 좋은 일이었다. 세상이 인정해주니 말이다(음, 적어도 내 작은 세상에서는).

그런데 나이가 들면서 대부분의 사람들은 변화를 겪게 된다. "커서 뭐가 되고 싶니?"라는 질문은 어릴 때는 뜬구름 잡는 대답을 해도 되는 즐거운 관행에 불과했지만, 이제는 불안감을 유발하는 심각한 질문으로 변질된다. 이에 따라 우리는 현실적인 답변을 내놓아야 한다는 압박감을 느끼기 시작한다. 답변은 책임감 있고 신중하며 중요해 보여야 하고 무엇보다 우리가 책임질 수 있어야 한다. 그래서 우리는 주변 사람들의 눈치를 보면서 어떤 사람이 되어야 할지 정확히 알아내려고 노력하며, 그렇게 해서 내놓은 답변이 어린 시절 서커스 광대나 공룡이 되겠다고 선언했을 때처럼 인정받기를 원한다.

그런데 우리 모두는 인정받기를 원하면서도 틀에 박힌 선택을 하고 싶어하지는 않는다. 물론 잘못된 선택을 하기를 바라지도 않는다. 세상은 우리에게 '주요 직업군을 선언하고', '우리의 장점을 살려서', '자신에게 꼭 맞는 일을 찾으라고' 재촉하지만, 우리는 내가 누구인지 나로서 사는 삶에는 어떤 의미가 있을지 이해하려 애쓴다. 이는 외부적인 동시에 내부적으로도 커다란 압력이며, 실존적 회의 및 정체성의 혼란과 뒤섞인다. 이런 혼란은 청소년기에만 겪는 것이 아니라 대개 일생에 걸쳐 지속된다.

'진정한 천직'이라는 신화

"무엇이 되고 싶니"라는 질문이 우리의 마음과 정신을 혼란스럽게 만드는 이유 중 하나는 그 질문이 하나의 직업만을 가져야 한다는 의미이기 때문이다. 만약 다섯 살짜리가 열 가지 미래를 꼽는다면, 질문을 한 어른은 이렇게 말할 가능성이 상당히 크다. "그러니까 그중 어떤 것? 너는 모든 것이 다 될 수는 없어!" 확실히 우리가 청소년기에 접어들면 "나는 해양생물학자와 섬유 예술가와 기자가 될 거야"와 같은 대답을 듣고 관용을 베풀기가 어려워진다. 구별하기 어렵긴 하지만, 우리는 '커서 뭐가 되고 싶어?'라는 질문을 '이 생애에서 너에게 허용된 정체성은 하나뿐이야. 자, 어떤 것을 선택할래?'라는 뜻으로 이해할 수 있다. 이 얼마나 겁나는 질문인가? 이런 식의 질문이 우리에게 스트레스를 주는 것은 당연하다.

반드시 하나의 정체성을 결정해야만 한다는 메시지는 다양한 맥락을 통해 강화되었다. 많은 서적과 지도교사들은 우리가 선택할 수 있는 여러 가지 직업 중에서 하나의 완벽한 직업을 찾아낼 수 있게 도와주는 각종 테스트를 제공한다. 대학에서는 우리에게 전공을 선택하라고 요구한다. 고용주들은 종종 지원자들이 전공이 아닌 분야의 기술을 가진 경우, 집중력이 부족하거나 해당 분야에 충분한 능력을 갖추지 못했다고 여기며 정체성을 설명하라고 한다. 또한 우리는 주변 사람들과 미디어를 통해 중도 포기자가 되는 것의 위험성, 괴짜 혹은 만능박사로 여겨지지만 막상 제대로 하는 건 아무것도 없는 사람에 대한 불길한 경고를 듣는다. 이와 반대로 한 분야의 전문가가 되는 것은 성공에 이르는 유일한 길로 여겨지며 심지어 아주 근사하게 묘사된다. 실제로 우리는, 어릴 때부터 생명을 살린다는 꿈을 위해 노력한 의사의 이야기나 열 살 때 첫 소설을 쓴 작가의 이야기 등을 항상 들어오지 않았던가. 이런 사람들은 우리들에게 훌륭한 본보기가 되어준다. 물론 이런 사람들이 진짜로 존재(나는 한길만 걷는 소수의 사람들에게 그 어떤 악의도 없다!)하기는 하지만 우리 같은 사람들은 대부분 이런 삶의 방식과는 맞지 않다. 그럼에도 우리는 사회적인 상황과 분위기에 영향을 받아 '단 하나의 진정한 천직'이라는 로맨틱한 개념을 믿도록 학습되었다. 즉 우리 모두에게는 준비된 한 가지 훌륭한 직업이 존재한다는 개념이다. 운명적으로 말이다!

만약 당신이 이런 삶의 방식에 적합하지 않은 사람이라면 어떤 일이 벌어질까? 당신이 여러 분야에 호기심이 많으며, 인생에서 하고 싶은 일도 많다고 가정해보자. 만약 한 가지 직업에 정착할 수 없거나 그럴 의지가 없다면, 당신은 다른 사람들처럼 '하나의 진정한 천직'을 찾지 못해서 삶에 목적이 없다고 걱정하게 될 것이다.

하지만 이는 사실이 아니다. 당신이 여러 분야를 옮겨 다니며 새로운 지식과 경험을 활발히 습득하고, 새로운 정체성을 시도하는 경향을 갖게 된 데에는 아주 타당한 이유가 있다.

당신은 다능인입니다

여기까지 읽으면서 고개를 끄덕였는가? 그렇다면 좋은 소식이 있다! 당신은 다능인, 즉 멀티포텐셜라이트multipotentialite일 확률이 높다.[1] 이는 관심사와 창의적인 활동 분야가 많은 사람을 뜻한다. 당신이 이 단어를 처음 들어봤다면, 발음하기가 어려울 수도 있겠다. 멀티포텐셜라이트를 세 부분으로 나눠서 천천히 소리 내어 발음해보자. 멀티multi, 포텐셜potential, 라이트-ite. 다시 한번 해보자. 멀티, 포텐셜, 라이트. 그렇게 어렵지 않지 않은가? 음, 어떻게 해도 멀티포텐셜라이트라는 단어가 어렵거나 당신에게 딱 어울리는 느낌이 아니라면, 다른 선택지들도 있다. 여기 우리가 논하는 종류의 사람을 가리키는 일반적인 용어들을 살펴보자.

---

1   다른 말로는 멀티플 포텐셜(multiple potentials: 다수의 잠재성 소유자)이라고도 한다.

- 멀티포텐셜라이트(multipotentialite, 다능인): 많은 관심사와 창의적인 활동 분야를 폭넓게 아우르는 사람
- 폴리매스(Polymath, 박식가) : 여러 분야에 대해 많이 알고 있거나 백과사전식 지식을 지닌 사람
- 르네상스형 인간(Renaissance Person, 만물박사): 다양한 분야에 흥미가 많고 지식이 있는 사람
- 잭오브올트레이즈(Jack-of-All-Trades, 팔방미인): 다양한 업무를 해낼 수 있거나 손재주가 있는 다재다능한 사람
- 제너럴리스트(Generalist, 다방면 인재): 기술이나 관심 분야 혹은 몰두 대상이 다양하지만 전문화되지 않은 사람
- 스캐너(Scanner, 정밀 탐색가): 수많은 비전문 분야에 강렬한 호기심을 지닌 사람(바버라 셔Barbara Sher가 그녀의 훌륭한 저서인 『선택에 대한 거부Refuse to Choose!』에서 정의한 용어)
- 퍼티라이크(Puttylike, 퍼티 가루 같은 사람): 여러 개의 정체성을 지닐 수 있으며 다양한 업무를 멋지게 수행할 수 있는 사람

이 동의어들은 의미가 약간씩 다르다. 멀티포텐셜라이트와 스캐너는 추진력과 호기심을 강조하는 한편, 폴리매스와 르네상스형 인간은 축적된 지식을 강조한다(또한 역사적으로도 함축적인 의미를 가지며, 레오나르도 다빈치Leonardo da Vinci나 벤저민 프랭클린Benjamin Franklin과 같은 인물을 떠올리게 한다). 잭오브올트레이즈는 지식보다는 기술을 의미하는 경향이 있고, 제너럴리스트는 폭넓지만 얕은 지식을 지닌 사

람을 암시한다. 차이는 미묘하다. 결국 중요한 건 당신 자신에게 딱 맞는 느낌의 단어를 선택하는 것이다. 이중 가장 공감되는 용어를 사용하고, 그렇지 않다면 아무것도 사용하지 않거나 당신만의 용어를 만들어보자.[2]

나의 패턴 파악하기

다능인에는 한 가지 유형만 있는 것이 아니다. 우리들 중에는 몇 가지 프로젝트를 동시에 끊임없이 진행하는 사람들이 있는가 하면, 몇 달이나 몇 년 정도 한 가지 주제에 빠져들어 새로운 분야로 완전히 넘어가기 전까지 오롯이 한 분야에만 집중하는 걸 좋아하는 사람들도 있다. 다능인들의 흥미는 동시에 일어날 수도 있고(몇 가지 관심사가 한꺼번에), 여러 가지가 겹치는 중간쯤에 일어날 수도 있다.

동시다발적 ←————————————————→ 순차적
(한 번에 다수의 프로젝트)　　　　　　　　(한 번에 하나의 프로젝트)

위 스펙트럼에서 우리의 위치를 알기 위해, 자신의 과거 관심사와 프로젝트 그리고 직업을 생각해보자. 어떤 패턴이 보이는가? 당신은 한꺼번에 많은 주제들에 관심을 가지는 편인가, 아니면 다음 주제로

2　우리 같은 사람들이 단일 용어에 동의할 수 없는 것은 어떤 의미에서 당연한 일이다.

(그런 다음 다시 다른 주제로) 넘어가기에 앞서 한 번에 한 가지 주제에만 열중하는 편인가? 한 번에 얼마나 많은 프로젝트를 책임지는 것을 좋아하며, 어느 정도가 되어야 너무 많은 것인가? 프로젝트에 대한 당신의 수용력은 가스레인지에 비유할 수 있다. 네 개의 화구 위에 네 개의 주전자가 올려져 있는데, 그중 몇 개는 높은 온도로 부글부글 끓고 있는 반면 다른 것들은 뒤편에서 은근히 끓어오르는 것이다. 어쩌면 당신의 가상 가스레인지는 음식점에서 사용하는 산업용에 가까워서, 넓은 철판 위에 무한히 많은 프로젝트들이 지글지글 구워지는 것과 같을 수 있다. 아니면 한 번에 장엄한 하나의 불꽃만이 활활 타오르는 캠프파이어 같을 수도 있겠다.

사실 우리 대다수는 이 동시 – 순차적 스펙트럼의 중간쯤 어딘가에 위치하며 일생 동안 여러 지점을 오고간다. 당신의 위치를 알지 못하더라도 당황할 필요는 없다! 이제부터 함께 알아볼 테니 말이다. 우리의 흥미는 때로는 일순간 사라지기도 하고, 때로는 영원히 지속되기도 한다. 어쩌면 서서히 희미해졌다가, 몇 년 후 다시 나타날지도 모른다. 당신의 다양한 흥미와 열정이 어떤 식으로 작용하는지는 중요하지 않다. 다능인들의 모든 방식은 똑같이 타당하기 때문이다.

우리가 걷는 길 (힌트: 일직선은 아니다)

우리는 각각의 관심 영역이 한 방향을 가리키면서 결국 관련 직업으로 이어진다고 배웠다. 가령 당신이 과학에 관심 있는 고등학생이라고 해보자. 당신은 대학에서 생물학을 전공하고 이어서 의학부를 거쳐 메디컬스쿨을 졸업하고 레지던트 과정을 수료한 후 의사가 될 것이다. 물론 세상에는 여러 유형의 의사들이 있다. 당신은 전문의가될 수도 있고 교수나 연구를 할 수도 있지만, 결국 일반적으로 의대생은 공부하면서 습득한 기술을 의사와 관련된 직업을 수행하는 데사용하게 될 것이다. 다른 분야도 마찬가지다. 분명히 건축학도는 건축가가 될 것이며, 음대생은 음악가(혹은 음악교사)가 될 것이다. 공학도 역시 공학자가 될 것이라 기대된다. 이런 분야들은 각각 수직적 궤도의 끝에 관련 직업이 있다.[3] 전공자는 이 궤도에서 관련 직업중 하나를 향해 똑바로 나아가지만, 다능인들은 다르다. 우리는 수직으로 움직이면서 좌우로도 이리저리 움직인다. 우리는 관심사와 관련된 직업을 수행할 뿐 아니라, 다른 분야에도 색다른 방식으로 우리의 기술을 적용한다.

내가 걸어온 길을 예로 들어보자. 음악, 미술, 영화 그리고 법학은내가 직업적으로나 학문적으로 추구해온 네 가지 분야다. 각 분야의수직적 궤도를 생각해보자(26페이지의 예시를 보자).

이론적으로 나는 이 궤도들 중 어느 하나를 꾸준히 걸어갈 수도 있었으리라. 하지만 단언컨대, 나는 노력했지만 결과적으로 그렇게 되

---

3 소위 쓸데없는 전공이라고 하면, 사람들은 대개 영문학이나 철학 같은 분야를 말한다. 이런 학문들은 수직적으로 연관된 직업군이 거의 없기 때문이다. 그러나 나는 쓸데없는 학문이라는 걸 믿지 않는다. 이런 분야에서 습득된 기술들은 대개 다른 분야에도 총체적으로 적용될 수 있다.

지는 못했다! 내 길은 27페이지에 나와 있는 예시에 가깝다.

　조금 엉망이지 않은가? 그러나 나는 비록 뮤지션이나 웹 디자이너, 영화감독 또는 변호사는 결코 되지 못했더라도, 이 분야들을 추구한 것을 후회하지 않는다. 흥미로운 일을 배우는 것 자체가 즐거움이며 그 과정에서 얻은 많은 기술들이 다른 맥락에서 내게 도움이 되었다는 걸 알기 때문이다. 법학을 공부하며 배운 유용한 지식은 블로그 포스트를 쓰거나 지원서 혹은 제안서를 작성할 때 나를 더 설득력 있는 작가로 만들어주었다. 음악에 빠져들어 밴드 활동을 하

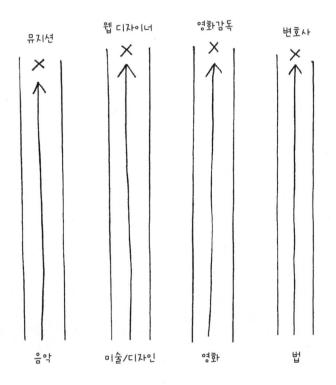

며 보낸 몇 년은 함께 팀을 이루어 일하는 법에 대해 알려주었고, 나는 사업을 하면서 그 가르침을 매일 활용한다. 소중한 공연 경험은 훗날 강연을 할 때도 도움이 되었다. 또한 웹 디자인에서의 경력을 통해 어떤 프로젝트에서든 웹 사이트를 구축할 수 있게 되었고, 일을 하며 디자이너와 효과적으로 소통할 수 있게 되었다. 그리고 단편영화 제작만큼이나 복잡하게 얽힌 계획 그리고 서로 다른(또한 어려운) 성격의 사람들과 일하는 역동성을 경험할 일은 없을 것이다. 나의 '과거 행적' 중 대다수는 실제적이고 현실적인 방식으로 유용

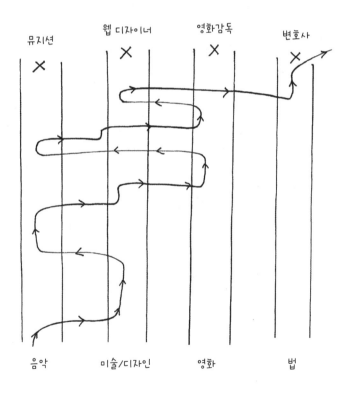

뮤지션   웹 디자이너   영화감독   변호사

음악   미술/디자인   영화   법

했다. 나는 내 기술들을 고객용 웹 사이트 구축이나 음악 연주 대가로 돈을 받는 등으로도 사용했지만, 그보다는 우회적으로 적용하는 경우가 더 많았다. 기술들이 서로의 기반이 되어줄 수 있는 맥락에서 말이다. 당신의 기술을 생각지도 못한 방식으로 적용했던 때를 떠올릴 수 있는가? 예를 들어 피아노 연주 경험이 당신의 타자 속도를 더 빠르게 해주었을 수 있다. 또는 동물들과 어울렸던 경험을 통해 보다 공감 능력이 뛰어난 교사가 되는 가르침을 받았을 수도 있다. 이제 이해되기 시작했는가? 우리의 길은 이론상으로는 무작위적이며 혼란스러워 보이지만, 그것은 대개 우리가 생각하는 것보다 더 실용적이다.

다능인이라는 함정

당신이 다능인이란 건 아주 멋진 일이며, 그 사실은 당신이 가진 많은 열정의 원석들을 포용해줄 것이다! 하지만 이 특별한 축복을 받았다는 것은 한편으로는 풀어야 할 과제의 존재를 암시하기도 한다. 다능인들은 다음의 세 가지 주요 영역에서 고전하는 경향이 있다. 바로 직업과 생산성, 그리고 자존감이다.

직업
의미 있고 지속 가능한 직업을 찾는 과정은 우리의 가장 큰 과제

중 하나다. 대부분은 자신에게서 다능인 기질을 발견한 즉시 그동안의 걱정과 혼란이 사라지는 것을 느낄 것이다. 하지만 그 깨달음 다음에는 상당히 불길한 질문이 따라오기 쉽다. '휴, 나는 다능인이었어. 멋지군! 그렇지만 도대체 어떻게 생계를 유지해야 하는 거지?' 영원히 한 가지 일만 해야 한다는 생각은 우리에게 악몽과도 같지만, 잦은 이직으로 인한 경제적 불안정 역시 공포스럽다. 이 두 가지 접근법에 대한 대안이 있을까? '다능인 기질'을 살릴 방법은 없을까? 그것이 이 책의 핵심 질문이다. 다음 장들에서 우리는 행복과 경제적 여유를 모두 얻은 다능인들을 만나볼 것이다. 그리고 그들이 어떻게 다능인 기질을 유지하는 직업을 구조화했으며, 우리가 어떻게 그들처럼 할 수 있을지를 알아보겠다.

생산성

대부분의 사람들에게도 마찬가지겠지만, 다수의 프로젝트를 추구하는 우리에게는 자신만의 생산성 체계를 찾는 것이 특히 중요하다. 당신은 어떻게 한 번에 여러 가지 프로젝트에 집중하며, 그 모든 것들을 진행하는가? 당신은 목표로 나아가는 것을 방해하는 내부의 적(미루는 버릇, 자신에 대한 회의감, 압박감, 습관적인 이메일 확인 등)을 어떻게 다루고 있는가? 이에 우리는 제8장에서 초점을 맞출 대상을 선택하고 시간 배분을 결정하며, 방향을 바꿀 시기를 알도록 도와줄 몇 가지 수단들을 살펴볼 것이다. 또한 미루는 버릇을 극복하고 일의 흐름을 타는 기술에 대해서도 논의해볼 것이다.

자존감

현대사회가 다능인들에게 항상 우호적인 것은 아니다. 그 결과 우리 대부분은 자신에 대한 의심과 낮은 자존감 등 여러 정신적 문제를 가지고 성장한다. 특히 10대의 경우 자신의 무능한 목표 선택이나 전환에 대해 우울과 불안, 격한 감정, 실존적 딜레마 그리고 죄책감을 겪기 쉽다. 이런 감정들은 성인기까지 지속될 수 있으며, 많은 고통을 유발하고 끝내는 우리의 잠재력을 억제할 수 있다. 제9장에서는 우리가 겪는 가장 흔한 불안들을 살펴보면서 아래와 같은 문제들을 다룰 것이다.

- 분야를 옮길 때마다 겪는 죄책감과 부끄러움
- 계속해서 초보자가 되는 불편함
- 사기꾼 증후군(Imposter syndrome, 성공한 사람이 자신의 성공이 운 덕분이었다고 생각하면서 언젠가 자신의 무능함이 알려질 것을 불안해하는 심리 상태 - 옮긴이)
- 주변의 비평가들
- '그래서 네가 하는 일이 뭐야?'의 무서움

우리는 이 책에서 직업, 생산성 그리고 자존감이라는 과제들을 하나하나 깊이 있게 논의할 것이다. 이를 통해 당신은 당신만의 행동 계획을 만들어가면 된다. 나는 이 책으로 인해 당신이 될 수 있는 한 가장 위대하고 최고의 다능인이 되기를, 완전히 당신 자신이 되기를, 그리고 당신의 방식과 일치하는 직업과 삶을 가지기를 바란다. 또한 당신의 행복뿐 아니라 당신이 일생 동안 하게 될 놀라운 일들을 통해 결국 우리 모두가 이로워지기를 원한다.

진실은 당신에게 목표나 목적이 부족한 것이 아니라는 데 있다. 당신의 만족할 줄 모르는 호기심에는 매우 타당한 이유가 있다. 즉, 당신은 무언가를 뒤집어보고, 새로운 것을 창조하며, 복잡하고 다차원적인 문제들을 해결하면서 세상을 당신만의 독특한 방식으로 더 좋게 만들 사람이라는 것이다. 당신의 운명적 일이 무엇이든, 다능인 기질을 억누르는 동안에는 목표에 다다를 수 없다. 반드시 그 기질을 받아들이고 사용해야만 한다.

우리는
게으름뱅이일까,
혁신가일까?

　당신은 아마도 많은 일을 하는 사람을 향한 고정관념에 익숙할 것이다. 그건 바로 우리가 한 가지 일에 전념하지 못하는 치명적인 결점을 지닌 게으름뱅이라는 인식이다. 아랍어에서 한국어에 이르기까지, 거의 모든 언어에는 '재주가 많다는 것은 결국 특별한 재능이 없다는 뜻이다 Jack of all trades, master of none'와 같은 표현이 있다. 스페인어로 '키엔 무초 아바르카 포코 아프리에타 Quien mucho abarca poco aprieta'는 '많이 품으려는 사람은 꽉 품을 수 없다'는 뜻이다. 리투아니아어로 '데비니 아마타이 데심타스 바다스 Devyni amatai, dešimtas badas'는 '재주를 아홉 가지 가졌다면, 열 번째는 굶주림이다'라는 뜻이다. 베트남 속담 '못 응에 쪼 찐, 꼰 헌 찐 응에 Một nghề cho chín, còn hơn chín nghề'는

'아홉 가지 일을 두루 섭렵하는 것보다 한 가지를 제대로 하는 편이 낫다'는 표현과 딱 들어맞는 뜻이다. 하지만 다능인들이 정말로 직업적 역량이 평범하기만 할까? 정말 우리는 아는 것이 많이 없으며, 그런 이유로 재정적으로 궁핍할까? 지금부터 재주가 많으면 특별한 재능이 없다는 이 논쟁을 파헤치고, 실제로는 어떤 양상을 띠는지 살펴보기로 하자.

"여러 가지를 한다는 건, 그 모든 것에서 평범해진다는 의미다"

수학적 시각에서 보면 이 주장은 옳은 말이다. A라는 사람이 한 가지를 학습하는 데 10,000시간을[4] 쓰고 B라는 사람이 네 가지를 학습하는 데 각각 2,500시간을 쓴다면, B는 어떤 분야에서도 '덜 능숙(다시 말하면 보다 평범)'할 수밖에 없지 않겠는가? 이 주장은 기술에

---

4 말콤 글래드웰(Malcolm Gladwell)은 그의 저서 『아웃라이어(Outliers)』에서 '1만 시간의 법칙'을 대중화했다. 이 법칙은 세계 정상급의 전문가가 되기 위해서는 1만 시간의 훈련이 필요하다는 뜻이다. 해당 이론은 심리학자 안데르스 에릭슨(Anders Ericsson)의 연구에 기반한 것으로, 그는 세계적인 운동선수들과 음악계 거장들의 연습 습관을 자세히 검토했다. 1만 시간의 법칙은 『아웃라이어』의 출간 이후 본래의 뜻에서 확대되어 전혀 의도하지 않았던 맥락까지 적용되었으며, 원래의 연구 범위를 넘어서는 방식으로 해석되어 왔다. 이제는 일반적으로 한 개인이 무언가에 1만 시간을 투자할 의지가 없다면 그것을 추구해서는 안 된다는 뜻처럼 사용되고 있다. 나는 이런 해석이 기술적인 능력 외의 다른 모든 것들을 평가절하하며, 학습과 탐구에 대한 의욕을 꺾는다고 생각한다. 1만 시간의 법칙에 대한 강력한 대응 방안을 알고 싶다면, 조시 카우프만(Josh Kaufman)의 『처음 20시간의 법칙(The First 20 Hours)』을 확인하기 바란다.

서 중요한 건 오직 질이라는 개념에 기초한다. 나는 창의력과 독창성 그리고 열정은 모두 똑같이 중요하다고 주장하고 싶다. 수십 년 동안 음악 교육을 받은 사람이라 해서 몇 년 음악을 한 뮤지션보다 반드시 더 아름다운(혹은 더 수익성 있는) 곡을 쓸까? 경험 많은 고등학교 교사가 갓 교직에 들어왔지만 의지와 열정으로 가득 찬 교사보다 반드시 더 잘 가르친다고 할 수 있을까? 이 두 사례에 대한 답은 그렇지 않다는 것이며, 적어도 꼭 그런 것은 아니라는 것이다. 전문지식은 중요하지만, 미래의 성공과 직업적 행복감 혹은 사회적 공헌도를 가늠하는 단 한 가지 요소는 아니다.

전문의와 일반의는 둘 다 필요하지만, 대개는 필요한 맥락이 다르다

물론 높은 수준의 전문적 기술이 중요한 특정 분야와 직위가 있다. 심장 전문의는 고도로 전문적이어야 하며, 이에는 합당한 이유가 있다. 당신은 어떨지 몰라도, 나는 기필코 전문의가 내 심장을 수술하도록 할 것이다! 반면 만성 건강 질환을 치료해야 할 때면 심장에 관해서는 덜 전문적이더라도 신체의 각 체계가 서로 어떻게 작용하는지를 실제적으로 이해하고 있는 일반의에게 치료받는 편을 더 선호할 것이다. 나는 지금의 내 주치의를 찾는데 약간의 시간이 걸렸다. 그는 면허증을 소지한 침술사이자 기능의학 임상의인 동시에 자격증을 갖춘 자연요법의다. 이 말은 곧 그가 필요에 맞게 다양한 처방을 할 수 있다는 뜻이다. 건강 문제가 있을 때, 그는 항상 '몸에 최소한의 무리만 주면서 작용하는' 치료법을 권장한다. 처방약을 사용하는 경우도 있지만, 대개의 경우 가장 잘 들어맞는 건 약초나 식단 변화다. 이 방법이 모두에게 다 맞는 것은 아니지만, 적어도 나에게는 효과적이다. 하지만 앞서 말했듯, 만약 심장수술을 받아야 한다면 나는 분명히 내 주치의에게 다른 전문의를 소개해달라고 부탁할 것이다(그가 기꺼이 소개해줄 거라고 확신한다)! 전문의와 일반의는 둘 다 소중하며 필요하다. 단지 경우에 따라 필요한 대상이 달라질 뿐이다.

최고가 아니라는 것이 평범하다는 뜻은 아니다

세계 최고와 완전히 평범한 것 사이에는 중간 영역이 있다. 비록 우리 다능인들은 흥미가 그리 오래가지 않더라도 몇몇 분야에서는 대단히 능숙해질 수 있다. 심지어 종종 해당 분야에 전문가가 될 수도 있다! "재주가 많다는 것은 어떤 면에서는 전문가라는 의미다Jack-of-many-trades, master of some"라는 말은 다능인들을 묘사하는, 간결하진 않지만 정확한 표현이다. 이는 특정 분야에서 필요한 정도로 유능하며 창의력과 열정을 결합한 기술로 뛰어난 일을 해낼 수 있다는 뜻이다.

다능인들은 자신만의 범주를 설정한다

당신이 소장한 책들이나 도서관 대출 기록을 살펴보자. 당신은 그저 단일 주제(수학, 음악, 정치, 철학)에 관한 책들은 읽지 않았을 확률이 높다. 그리고 아마도 다양한 통합 주제가 담긴 서적들을 사랑할 것이다. 지금 바로 내 책장을 훑어보면 서로 다른 분야들 간의 관계를 다룬 책들이 보인다. 이를테면 건축과 심리학, 수학과 색, 걷기의 철학처럼 말이다. 또한 시로 쓴 회고록과 불안에 관한 유머집처럼, 장르를 탈피한 서적들도 있다. 이 책들은 분명 다능인이 쓴 것이리라. 전문가들이 단일 분야에서 뛰어난 데 반해 다능인들은 영역들을 혼합하고 그 교차점에서 작업한다. 이를 통해 우리는 분야들 간의 관계성에 대한 더 깊은 수준의 지식을 성취하게 된다. 그리고 그것이 우리만의 전문성이다.

다능인들의 슈퍼파워

자, 나는 지금까지 다능인들이 받는 평범하다는 혐의에 대해 변호했다. 여기서 흥미로운 질문이 떠오른다. 그렇다면 다능인 기질은 어떻게 우리의 강점이 될 수 있을까? 당신이 내 주변의 다른 다능인들과 같다면, 오랜 시간 동안 자기 자신이 불운한 사람이 아닌지 걱정해왔을 것이다. 이제 그런 힘 빠지는 수식어는 잊어버리고, 대안을 생각할 때다. 어쩌면 다능인들은 단지 제대로 인정받지 못한 실력자일 수 있다. 그리고 또한 우리만의 고유한 강점을 지니고 있을 수 있다. 이를테면, 슈퍼파워 말이다! 지금부터 다능인들이 특히 뛰어난 다섯 가지 영역을 살펴보고, 자신의 슈퍼파워를 잘 활용하고 있는 사람들을 만나보도록 하자.

슈퍼파워 1. 아이디어 통합

우리는 훌륭한 신시사이저(음악 합성 기능이 있는 전자악기 - 옮긴이)
다. 두어 개 혹은 그 이상의 개념들을 결합한 후, 그 교차점에서 새로
운 것을 창조하는 일은 그야말로 우리에게 식은 죽 먹기다. 트위그
테라리엄Twig Terrariums은 브루클린에 있는 화원으로, 생명력 넘치는
조각상들을 전문적으로 다룬다. 유리병과 꽃병 혹은 어항이나 비커
속에 이끼, 다육식물, 작은 수공예품들이 담겨 있는 것을 상상해보
라. 창작품에는 저마다 다른 스토리가 있다. 가령 벤치에 앉아 있는
노부부와 소를 모는 카우보이, 좀비 출몰의 대재앙 그리고 술병을
들어 올린 채 손가락 욕을 하고 있는 펑크록 가수 같은 것 말이다. 트
위그는 미셸 인시아라노Michelle Inciarrano와 케이티 매슬로우Katy Maslow
라는 두 친구가 과학과 식물학 그리고 스토리텔링과 미술 및 디자인
을 결합하여 특별한 작품을 창조하고자 설립했다. 두 친구는 미셸이
다니던 화학과 교수님의 도움(미셸은 당시 과학 전공생이었다. 이야말로
기술의 측면 적용이다!)으로 그녀의 부엌 찬장에 있던 양념통 속에 성
공적으로 에코시스템을 제작해 넣었다. 그들은 그때부터 갖가지 유
형의 테라리엄(원예 용어로 유리그릇이나 유리병 안에 작은 식물을 재배
하는 것을 뜻한다 - 옮긴이)을 실험하기 시작했으며, 결국 트위그 테라
리엄이 설립되었다.

아이디어 통합은 완전히 독창적인 결과로 이어질 수 있다. 더 나
아가 이 독창적인 해결책은 사회 문제를 처리하는 데 사용될 수도
있다. 미국 유타주의 보고서에 따르면, 해당 주에서는 2004년부터

2013년 사이에 노숙자 비율이 91퍼센트까지 감소했다고 한다. 이런 놀라운 감소율은 주거 우선Housing First 전략 덕분으로, 이는 임상 심리학자 샘 챔베리스Sam Tsemberis가 개발한 모델이다. 주거 우선 접근법은 아무런 조건도 달지 않고 노숙자들에게 주택을 제공한다. '노숙자들에게 주택을 제공한다'는 것은 어떻게 보면 혁신적이지 않아 보이지만, 이는 해당 분야의 사회적 통념에 일종의 반기를 든 것이었다. 유타주의 기존 노숙자 대책은 그들에게 주택을 제공받을 자격으로 금주와 약물 중단을 요구했었다. 챔베리스의 모델은 사람들에게 거주 공간을 먼저 해결해준 후, 다음으로 사회복지를 제공한다. 주거 우선 모델은 미국 전역의 도시와 외곽지역에도 시험적으로 시행되었으며 마찬가지로 인상적인 결과를 가져왔다.

이 스토리에서 한 가지 흥미로운 점은 챔베리스가 노숙자 복지 교육을 받지 않은 심리학자라는 것이다. 1990년대 초반, 챔베리스는 정신질환자들을 위한 봉사활동 단체에서 일했었다. 그는 노숙자들과 가까이 일할 수밖에 없었으며, 거리에서 노숙하면서 겪는 엄청난 어려움들을 알게 되었다. 그는 자신이 같은 사람을 반복적으로 치료하고 있다는 사실에 비추어, 현재의 노숙자 대책이 확실히 효과적이지 않다고 생각했다. 챔베리스는 심리학자로서 받은 교육과 경험을 토대로 주거 우선 모델을 개발했다. 이는 노숙 생활에서 오는 극도의 스트레스와 불안감을 먼저 줄이지 않는 한 알코올이나 마약 중독, 그리고 정신질환 문제를 해소하기 어렵다는 전제에서 시작한다. 카림 라카니Karim Lakhani 박사와 라르스 보 예페센Lars Bo Jeppesen 박사가

《하버드 비즈니스 리뷰Harvard Business Review》에서 설명한 대로, '문제 해결 주체가 다양할수록 문제 해결 가능성은 더 높아진다. 사람들은 자신의 분야와 동떨어진 문제들을 업무 중에 접한 해결책과 연관시키는 경향이 있다.' 다능인들은 토대가 될 수 있는 아주 다양한 시각을 지니기 때문에, 창의적인 해결책을 찾아내기에 훌륭한 위치에 있다. 즉 우리는 '다양한 문제 해결 주체'들의 일체형이다!

슈퍼파워 2. 빠른 습득력

다능인들은 다음의 세 가지 주요 이유로 개념 이해와 기술 습득이 빠르다.

1. 우리는 초보자가 되는 기분(즉, 어둠 속에서 더듬거리며 무언가를 찾는 기분)을 이해한다. 이전에 이미 어색한 초보자 단계를 극복해왔다는 사실은, 우리가 또다시 그런 상황에 처했을 때에도 덜 낙담하게 된다는 것을 뜻한다. 우리는 한 분야를 마스터할 때마다 새로운 것을 흡수하고 이해하는 스스로의 능력에 대해 자신감을 얻는다. 이 자신감은 추후 편안한 영역을 벗어나 리스크를 감수하고 새로운 시도를 하면서 학습 속도를 가속화하는 데 작용한다.

2. 우리는 마음을 사로잡는 것에 대해 (때로는 거의 강박적일 정도로) 열정적이다. 우리의 열정은 짧은 시간 내에 최대한 많은 것들을 흡수하도록 이끈다. 우리는 연구하면서 시간을 보내고 속독을 하

며, 새로운 활동에 깊이 몰두한다.[5]

3. 많은 기술들은 분야 간 이동이 가능하기 때문에, 우리가 처음부터 빈손으로 새로운 관심사를 시작하는 경우는 거의 없다. 예를 들어 수학적 지식은 음악 이론을 더 빠르게 이해하게 해준다. 단어들이 서로 상호적으로 어떻게 작용하는지를 고민하며 보낸 다년간의 시 습작기는 코딩 학습을 더 쉽게 해줄 수도 있다.

속성 학습은 굉장한 능력으로, 특히 직장에서 그러하다. TV광고제작자인 톰 본 마운트포드Tom Vaughan-Mountford는 근무하고 있는 회사의 새로운 웹 사이트를 구축하기 위해 워드프레스(Wordpress, 블로그 등의 제작 및 관리를 위한 콘텐츠 관리 시스템의 오픈소스 중 하나-옮긴이)와 구글 애드워즈(Google AdWords, 구글의 검색 광고 네트워크 서비스로, 광고주는 구글 웹 사이트와 제휴 검색엔진에 광고를 게재할 수 있다-옮긴이)를 독학할 수 있었다. 그의 빠른 습득력은 곧 회사가 수천 달러를 부담해서 외부개발자를 고용할 필요가 없다는 것을 의미했다. 소유한 기술 자체를 넘어, 새로운 것을 시도하고자 하는 단순한 의지도 다능인들을 직장에서 매우 인기 있는 존재로 만든다. 컨설턴트인 JB 푸르니에JB Fournier는 지난 직장에서 이를 실제로 경험했다.

---

5 많이 들어본 소리 같지 않은가?

저는 대형 컨설팅 회사에 고용되었어요. 시간이 흐르면서 저는 점차 누구도 전혀 방법을 알지 못하는 프로젝트를 시작할 때 제일 먼저 찾는 사람이 되었죠. 저는 '그게' 무엇이 되든 '한번 시도해보자'는 스타일로 알려졌어요. 저의 재능은 아주 전문적인 저의 동료들이 미지의 분야에서 느끼는 망설임을 무시하는 데 있었어요. 즉 망설임이란 이런 정서죠. 한 번도 해보지 않은 것이라면, 아마도 시도해서는 안 된다.

지적 호기심은 다능인들의 대표적인 특징이므로, 학습에 관심 없는 다능인을 찾기란 쉽지 않은 일이다.[6] 많은 사람들이 특정 연령대에 도달하거나 학교를 졸업하게 되면 학습을 그만두는 것으로 가정하지만, 많은 연구에 의해 모든 연령대에서 학습이 가능하다는 사실이 밝혀진 바 있다. 하지만 신경과학자들은 인지수행에 있어서는 '사용해라, 그렇지 않으면 잃게 된다'라는 원칙을 만들었다. 즉 특정 기술(혹은 뇌의 일부분)을 정기적으로 사용하지 않으면, 미래 시점에서 그것을 활용하기 어려워질 것이라는 뜻이다. 당신이 독학이나 정규교육을 통해 정기적으로 새로운 것을 학습하지 않는다면 인지능력이 약간 녹슬 수 있다. 그러나 시간을 가지고 연습한다면 학습 능력을 개발할 수 있으며 학습 속도를 높일 수 있다.

---

6   여기에는 몇 가지 예외적인 상황이 있다. 우울증을 겪는 다능인은 그것이 동기부여를 방해하는 경우, 학습에 흥미를 느끼지 않을 수 있다. 그리고 경제적 상황이나 생계 유지를 위한 다른 업무들 때문에 학습에 우선순위를 부여하기 어려운 사람의 경우도 마찬가지다.

슈퍼파워 3. 적응력

다능인들은 많은 상황과 역할을 편안하게 받아들일 수 있다. 우리는 고용주나 의뢰인 혹은 고객들의 요구에 맞춰 우리의 방대하고 다양한 기술들을 끌어낸다.

학교에서 프로그램 코디네이터로 일하는 카를리 F. Carli F.는 자신이 조언자와 멘토, 연락 담당자, 교사, 작가는 물론 물품 조달 담당자, 마케터 그리고 기술 보조까지 여러 역할을 바꿔가며 일하고, 때로는 같은 날 모든 걸 한꺼번에 하기도 한다는 사실을 깨달았다. 많은 일을 하며 여러 활동들을 능숙하게 오고가는 능력은 우리를 필수적인 존재로 만드는 동시에 그를 대체할 인물을 찾기 어렵게 한다.

적응력은 프리랜서나 자영업자인 다능인들에게 하나의 자산이다. 에이브 카후도Abe Cajudo는 웹 디자이너이자 비디오 감독이며 크리에이티브 컨설턴트다. 그는 소규모 기업들과 아티스트, 그리고 교육 단체들과 함께 다양한 업무를 하는데, 디자인 작업과 크라우드 펀딩 캠페인 그리고 온라인 강의 개설 등이 포함된다. 에이브의 고객 중에는 그를 전적으로 웹 디자이너로 알고 있는 사람들도 있고, 비디오 감독이라고 알고 있는 사람들도 있다. 물론 기존 고객들이 그의 능력 범위를 알게 되어, 다른 추가적인 일로 그를 고용하는 경우 역시 드물지 않다. 많은 고객들은 자신들의 프로젝트에 그가 다른 부분으로도 기여할 수 있다는 사실을 알고 놀라는 한편 기뻐한다.

적응력은 불안정하고 급변하는 경제 속에서 우리를 보다 탄력적이게 한다. 다양한 수익원을 가진 우리는 달걀을 한 바구니에 담는 우를 범하지 않을 수 있다. 가령 조경업 수요가 감소하면 프로그래밍 작업을 더 많이 하면 된다. 또 여행 가이드 직업에서 임시 해고된다면 여행업계에서 다른 일을 찾을 수 있고, 그동안 흥미가 있었거나 경험했던 다른 분야에 지원할 수도 있다.《패스트 컴퍼니Fast Company》 매거진의 에디터이자 상무이사인 로버트 사피안Robert Safian은 불확실한 경제에서 성장 동력은 '불안정성을 포용하고, 경력과 사업 모델 그리고 가설의 재조정을 용인하며 심지어 즐길 수 있는 사고방식'에 있다고 설명한다. 불황의 시대에서 적응력은 단지 하나의 자산이 아니라 필수적인 요소다.

슈퍼파워 4. 큰 그림 사고력

다능인들은 각각의 아이디어들이 어떻게 더 큰 세계와 연결되는지 볼 수 있다. 우리는 브레인스토밍을 즐기고 원대한 프로젝트들을 구상하며 상황을 더 좋게 바꿀 수 있는 방법을 고안하는, 즉 '큰 그림'을 그리는 사람들이다. 더글러스 초이Douglas Tsoi는 그의 고향인 오리건주 포틀랜드에 적당한 비용의, 접근성 좋은 교육이 필요하다고 생각했다. 더글러스는 이에 대한 수요를 확인한 후 합리적인 비용으로 대학원 수준의 교육을 제공하는 포틀랜드 언더그라운드 대학원 Portland Underground Grad School을 건립했다. 개설 강좌들은 매우 다양하며, 교과목명은 이를테면 '성과 사이버 정체성', '유전학, 유전체학 그리고 유전자 윤리', '정치적 꼭두각시부터 짐 헨슨Jim Henson(미국 인형극의 대가-옮긴이)까지, 꼭두각시의 중요성' 등이 있다. 재단은 필요한 사람들에게 장학금을 수여하며, 여건이 되는 학생들에게는 자발적으로 기금에 기부할 것을 요청했다.

우리 다능인들은 세상의 여러 측면들을 배우면서 각 사안들이 서로 어떻게 연관되며 상호작용하는지를 이해하기 시작한다. 우리는 광범위한 시각을 통해, '한 분야에만 정통한 전문가'들이 놓칠 수 있는 제도적 문제들을 발견할 수 있다. 그리고 선택이 다른 부문에 어떻게 영향을 미치는지 이해하고 있기 때문에, 더 설득력 있고 정보에 입각한 해결책을 제시할 수 있다. 더글러스는 중등과정 이후 교육에 드는 비용이 배움을 희망하는 많은 사람들에게 장벽이 된다는 사실을 깨달았다. 여기서 그는 이 현상을 당연한 것으로 받아들이는 대신, 여러 종류의 교육제도를 집결시키는 창의성을 발휘해 '지역사회에 기반한 열린 학교'라는 해결책을 찾은 것이다.

문제를 전체적으로 관망하고 사고하는 능력은 직장에서도 하나의 자산이다. 이는 기회와 위협을 예상하고 정보를 분석하여, 시대를 앞서나갈 수 있도록 해준다.

직장에서 당신의 원대한 아이디어가 힘을 발휘하기 원한다면 직원들의 아이디어와 의견에 관심을 기울이는 회사에서 일해야 한다. 다음 장들에서는 다능인들에게 아주 잘 맞는 조직과 직위에 대해 이야기해보려 한다. 하지만 당신이 장래에 사업을 계획하고 있다면 새로운 아이디어와 직원의 의견에 대한 수용성을 갖춰야 한다는 점도 기억하길 바란다.

슈퍼파워 5. 연관짓기와 통역하기

스스로 사람들과 감정적으로 연결되는 것 그리고 서로를 이해하도록 돕는 것을 사랑한다는 점에서, 다능인들은 태생적인 연결고리다(앞서 논의했던 대로, 우리는 아이디어를 연결하는 것도 좋아한다). 우리의 다양한 경험들은 서로 다른 직업을 가진 사람들을 이어주는 능력을 갖게 했고, 우리의 강렬한 호기심은 우리를 타인의 말을 경청하는 사람으로 만들었다. 다능인들에게 자신의 최근 관심사를 공유하는 사람과 함께 열정적으로 연구에 빠져드는 것만큼 좋은 것은 없다. 특히 그 사람이 해당 분야의 전문가거나 우리의 지식을 깊게 해줄 사람이라면 말이다.

한 걸음 더 나아가보면, 다른 유형의 사람들을 서로 이어주는 능력은 우리가 사람과 사람 사이를 통역해줄 수 있다는 의미다. 다능인들은 종종 직장에서 전문가들과 상호작용하게 되는데, 그들의 '언어'로 대화할 수 있는 우리의 능력은 아주 굉장한 자산이다. 무대 디자이너이자 테크니션인 율리아 융한스Julia Junghans는 자신이 꽤 자주, 그리고 여러 유형의 전문가들 사이에서 소통을 담당하게 된다는 사실을 발견했다.

나의 여러 관심사와 경험은 전문성의 영역이 다르기 때문에 소통의 문제를 겪을 수 있는 두 당사자들 사이에서 건전한 대화를 이끌어낼 수 있다. 가령 디자이너와 테크니션은 무대 작업을 이야기할 때 사용하는 언어가 꽤 다르다. 나는 양쪽 입장에서 모두 일해 봤으며, 극장 업계 외부에서도 일했었기 때문에 좋은 '통역가'가 된다.

바버라 셔는 그녀의 저서 『선택에 대한 거부』에서 스캐너(또는 다능인)들을 오케스트라 지휘자에 비유했다. 지휘자는 최소 몇 가지 악기들을 기본으로 연습했기 때문에, 자신이 추구하는 음조와 리듬을 각 섹션에 이해시키기 위해 어떻게 소통해야 하는지를 알고 있다. 악절에 어울리는 음을 내게 하기 위해 바이올린 연주자에게 활의 특정 부분을 짚어 연주해달라 요청하거나, 까다로운 도입부를 연주하는 타악기 연주자들을 도울 수도 있다. 그리고 오케스트라 연주가 시작되면, 지휘자는 더 큰 비전을 드러내면서 여러 섹션들이 한데 섞여 저마다의 '소리'를 낼 수 있게끔 한다. 다능인들은 종종 '다리 짓는 사람들bridge builders'이나 '바퀴의 중심hubs of the wheel'이라고 표현되는데, 이는 우리가 상당히 수월하게 다양한 팀원들과 소통하고 또한 그들을 리드할 수 있기 때문이다.

아직 늦지 않았다

많은 다능인들이 이 다섯 가지 슈퍼파워에 능하지만, 우리 중에는 보다 더 많이 숙련되어 그 힘을 발휘하기가 특히 수월한 사람들이 있다. 나는 인생의 대부분을 전문가가 되기 위해 처절한 노력을 하는 사람들로부터 심심찮게 이메일을 받는다. 그들은 한 분야에 진심 어린 관심이 있어서가 아니라, 단지 그래야만 한다고 생각하기 때문이다. 이런 이메일들은 대개 후회와 좌절이 한가득 담겨 있지만, 일반적으로 자신들이 다능인 기질을 거부하지 않고 포용한다면 어떻게 될지에 대한 실낱 같은 희망이 담겨 있다. 나는 이 같은 이메일들을 20대 젊은이들부터 노인에 이르기까지 모든 연령대의 사람들로부터 받는다. 시작하기에 너무 늦은 때란 없다. 스스로를 더 많이 탐구하고 여러 아이디어 사이에서 연관성을 이끌어내며, 더 큰 프로젝트를 생각해내고 타인들과 더 많이 협력할수록 당신의 슈퍼파워는 더 강력해질 것이다. 심지어는, 당신에게 더 많은 슈퍼파워가 있다는 사실을 발견할지도 모른다!

다능인이 세상을 바꾼다

다능인들은 언제나 혁신가였으며, 혁신가들 중에는 다능인이 많다.[7] 아리스토텔레스는 철학자가 되기 전, 의사 교육을 받았다. 벤저민 프랭클린은 (많은 것을 했지만 그중에서도) 정치가가 된 것에 더해 피뢰침과 이중 초점 안경을 발명했다. 역대 최고의 박식한 사람으로 꼽히는 레오나르도 다빈치는 (역시 많은 것을 했지만 그중에서도) 뛰어난 화가이자 발명가이며, 수학자였다. 많은 분야에 관심을 가지는 것

---

7   유명 다능인들에 대해 더 알고 싶다면 부록 A를 참고하자.

에는 우리를 혁신적 성향으로 만드는 무언가가 있는 것일까?

주류 문화는 우리를 딜레탕트dilettante(전문가적인 의식 없이 단지 즐기는 입장에서 예술을 하는 사람으로, 대개 나쁜 의미로 쓰인다-옮긴이)로 그리려고 하지만, 현실은 우리가 우리의 강점을 사용할 때 오히려 성공할 수 있으며 참신하고 독창적인 방식으로 세상에 이바지할 수 있다는 것이다. 『오리지널스: 어떻게 순응하지 않는 사람들이 세상을 움직이는가Originals: How Non-Conformists Move the World』의 작가 애덤 그랜트Adam Grant가 《뉴욕 타임스The New York Times》의 한 기사에서 설명한 대로, 많은 관심사를 가지는 것과 혁신적인 일을 하는 것 사이에는 강한 연관성이 있다.

창의적인 기여가 지식과 경험의 깊이뿐 아니라 넓이에 달려 있다는 사실은 많은 증거들을 통해 알 수 있다. 패션계를 보면 가장 독창적인 컬렉션은 대부분 해외에서 경험을 쌓은 디렉터들로부터 나온다. 과학계에서의 노벨상 수상은 외고집의 천재이기보다 다방면에 관심이 있는 사람인 경우가 많다. 노벨상 수상자들은 전형적인 과학자와 비교하여 연기자나 댄서 혹은 마술사로 활동하는 경향이 22배 높고, 시를 쓸 확률은 12배 높으며 미술 활동을 하는 경우도 7배 높다. 또한 악기를 연주하거나 음악을 작곡하는 경향도 2배 높다.

지금까지 살펴본 대로, 다능인들은 변화하는 시대와 상황 속에서 빠르게 학습하고 적응하는 창의적인 발군의 사상가다. 우리는 열정적이며 문제 해결과 소통을 사랑하고, 팀을 능숙하게 이끈다. 우리가 문제에 직면하지 않거나 약점이 없다는 뜻이 아니다. 다만 우리의 본능적인 성향을 보았을 때, 다능인들이 세상을 바꾸는 사람들이라고 해도 놀랍지 않다는 뜻이다.

우리에게 진짜 필요한 것은

전문가로서의 성공에서 우리의 가장 큰 문제는 많은 것을 얕게 아는 것이 아니라 자원의 부족이다. 전문가들은 무수한 경력 개발서와 자신들을 이해하는 카운슬러, 그리고 일련의 맞춤형 교육 체계를 갖추고 있다. 물론 전문가라고 해서 직업적 행복이 항상 쉽게 찾아오는 것은 아니다. 그들도 어떤 산업에서 경력을 쌓을지 알아내기까지 시간이 걸릴 수 있다. 그렇지만 전문가의 체계와 가치는 폭넓게 이해되며 높이 평가된다. 어느 누구도 전문가들을 향해 '하나만 할 줄 아는 사람'이라고 비난하지 않으며, 원래 학위에 더해 마땅히 전공 하나를 더 추가해야 한다고 권하지도 않는다. 그렇다면 전문가와는 조금 다르게 프로그램되어 있으며, 그저 한 가지만을 하고 싶지는 않은 우리를 위한 자원들은 어디에 있을까?

이쯤에서 당신의 손 안에 하나의 힌트가 쥐어져 있기를 바란다. 나는 우리와 같은 사람들이 직업과 인생을 계획할 때 어딘가에서 펼쳐 볼 수 있도록 이 책을 만들었다. 다음 장들에서 우리는 핵심적이며 실용적인 문제들을 다뤄볼 것이다. 어떻게 우리는 다능인의 슈퍼파워가 발휘되는 직업을 계획할 수 있을까? 어떻게 우리는 하고 싶은 많은 것들을 이해하고 그 균형을 맞출 수 있을까? 다능인들에게 많은 전문가들의 방식이 그러하듯 '미리 정의된 명확한 진로'가 없다면, 우리는 어디에서부터 시작해야 할까? 자, 이제 그것을 알아볼 시간이다.

행복한 다능인의
인생을 위하여

다능인에게 이상적인 직업은 무엇일까? 건축가라는 직업이 우리의 좌뇌와 우뇌를 모두 사용하고 미술과 과학을 아우를 수 있게 해주므로 건축가가 되어야 할까? 한 번에 많은 것들에 집중할 수 있으므로 프로젝트 매니저가 좋을까? 아니면 전통적인 고용 체계를 모조리 거부하고 최대한의 자유와 유연성을 위해 나만의 사업을 해야할까? 불행히도 세상에는 다능인을 위한 완벽한 단 하나의 직업이 없다.[8] 건축가와 프로젝트 매니저 그리고 사업가로서의 만족스러운 생활을 영위하는 다능인들도 많지만, 이런 직업들이 지독히도 맞지

8　저런.

않는 사람들 역시 많다. 우리는 수많은 주제들에 대해 강렬한 호기심을 지닌다는 점에서는 동일하지만, 사람은 모두 제각기 다르며 자신만의 흥미와 가치, 우선순위를 가진다.

내가 이 책을 위해 많은 인터뷰를 하면서 어쩔 수 없이 발견하게 된 진실은, 행복한 다능인들은 전문가로 보이는 영역을 포함해 어떤 역할과 어떤 산업에서도 존재할 수 있다는 것이다. 예를 들어 비행사가 직업인 어떤 여성은 한 분야의 전문가처럼 보이지만, 자세히 들여다보면 또한 영화감독과 운동가일 수도 있다. 교육업에 종사했고 이제는 레스토랑을 오픈하려고 하는 건축설계사를 생각해보자. 만약 이 사람에게 "그래서 당신의 직업이 무엇인가요?"라고 묻는다면, 아마 "저는 건축설계사입니다"라고 대답할 것이다. 그러나 실제로 모든 사실들을 종합해볼 때 그는 자신의 관심사를 순차적으로 진행하는 명백한 다능인이다.

문제는 여기에 있다. 만약 다능인들이 많은 전문직에서 성공할 수 있고 누군가에게 좋았던 직업이 다른 이에게는 그렇지 않을 수 있다면, 우리는 진로 계획을 어디서부터 시작해야 하는 걸까? 이에 대한 해답을 찾기 위해 나는 스스로를 행복하며 경제적으로 안정적이라고 표현하는 수백 명의 다능인들을 설문하고 인터뷰했다. 그들은 서로 근본적으로 다른 직업을 가지고 있었지만, 몇 가지 중요한 유사성을 공유하고 있었다. 그것은 다름 아닌 모두 자신들에게 적당한 양으로 다음의 세 가지 공통 요소를 제공하는 삶을 설계해왔다는 사실이다. 그건 바로 돈과 의미 그리고 다양성이다.

진로 계획이 아니라 인생 설계

나는 참여자들의 스토리에서 더 많은 것을 알아갈수록, 그들의 만족감이 전적으로 직업에서 기인하는 것이 아니라는 사실을 깨달았다. 돈을 벌기 위해 그들이 하는 일은 단지 방정식의 한 부분을 차지할 뿐이며, 그건 그들이 만들어나가는 인생이라는 더 큰 공식에 맞춰진다. 다시 말해 이 책은 직업 계획 관련서가 아니라는 뜻이다. 이건 인생 설계에 관한 책이다. 책 제목이 『모든 것을 하면서 생계를 꾸리는 법How to Make a Living Doing Everything』이 아니라 『모든 것이 되는 법How to Be Everything』인 이유도 그런 이유에서다.

이제 우리는 하나의 직업 속에서 돈과 의미 그리고 다양성을 찾은 사람들을 만나볼 것이다. 또한 이런 요소들을 직업을 통해 만족시키는 사람들과 다채로운 취미와 개인 프로젝트를 통해 얻은 사람들을 각각 만나볼 것이다. 개인적 선호와 관심사의 본질은 우리가 인생과 직업을 어떻게 구조화할 것인지 선택하는 데 커다란 역할을 한다. 결국 중요한 것은 돈과 의미 그리고 다양성이 당신의 인생이라는 전체 속에 존재하는 것이다. 당신의 직업은 그 전체의 목표에 부합해야 한다. 당신의 일은 각종 청구서를 지불하기 위해 해야만 하는 끔찍한 것이 아니라, 당신의 인생과 통합되고 그것을 지탱하는 힘으로 느껴져야 한다. 그런 의미에서 이제 각 요소들을 더 알아보기로 하자.

만족스러운 돈

이런, 감정적 골칫덩이 같으니! 돈은 어려운 주제다. 우리는 아마도 절대적으로 충분한 돈이란 없다거나, 돈이 곧 행복이라거나, 혹은 우리의 임금이 세상에서 우리의 가치를 대표한다는 생각을 내면화해왔을 것이다. 자본주의 문화는 돈에 대해 건전하지 못한 태도를 조장할 수 있다. '허슬(hustle, 사전적으로 '떠밀다'는 뜻이지만, '열심히 살다' 혹은 '돈 벌다'라는 의미로 쓰이고 있다 – 옮긴이)'이란 개념은 성공하기 위해 매 시간 일해야 할 것 같은 느낌을 주면서 꽤나 낭만적으로 묘사된다. 과로가 우리 건강에 해롭다는 사실에는 상당한 근거가 있다. 긴 근무시간은 스트레스와 불안장애, 우울증, 불면증, 당뇨병, 심혈관질환과 관련이 있다. 하지만 과로가 심각한 문제임에도 불구하고, 돈의 필요성은 우리의 근원적인 생존 본능을 이용한다. 이건 진실이다. 우리는 먹을 것과 쉴 곳을 위한 돈이 필요하기 때문에, 돈이 부족하다는 생각은 '투쟁도피반응(긴급 상황에서 자동적으로 나타나는 생리적 방어 상태를 뜻한다 – 옮긴이)'만큼이나 신체적·심리적 각성을 일으키는데, 꼭 그렇지 않더라도 우리는 진정으로 긴급한 위험 상태에 놓인다.

돈은 행복을 위한 하나의 요소다

돈에 대한 당신의 신념이나 문제가 무엇이든, 다시 말해 당신에게 그것이 필수적이든 불필요하든 상관없이 우리 대부분은 어느 정도의 돈은 필요하다는 입장에 동의할 것이다. 돈의 필요성을 생각해보는 데에는 작가 존 암스트롱John Armstrong이 '구성 요소적 접근법'이라 명명한 방법이 도움이 된다. 그에 따르면 돈은 행복한 인생을 이루는 하나의 구성 요소로 볼 수 있다. 돈은 그 자체로 충분하지 않으며, 다른 미덕('좋은 심성과 성품'으로 정의되는)들과 결합될 때 비로소 우리가 목표를 충족할 수 있는 힘을 준다는 것이다. 암스트롱은 여행 계획을 하나의 예로 든다. 이 상황에서 돈은 다음과 같은 효용을 준다.

- 움직임의 자유
- 숙박 장소의 선택
- 음식과 레저 활동의 유연성

한편, 좋은 휴가를 위해 필요한 미덕들은 다음과 같다.

- 목적의식
- 자기이해
- 영리함
- 회복력
- 모험심
- 문화적 감성

돈은 있지만 위와 같은 미덕들이 부족하다면, 우리는 결국 '깊이 없는 오락거리, 혼탁한 기억, 피상적이고 거짓된 문화적 경험, 자기 부정 그리고 불만족'을 겪게 될 것이다. 반대로 이 같은 미덕은 있지만 돈이 없다면, 아마 애초에 휴가 자체를 떠날 수 없을 가능성이 크다! 돈은 다능인들이 열정을 쫓을 수 있도록 도와준다. 그건 새롭게 사랑에 빠진 사진 촬영을 위한 카메라 구매를 의미할 수도 있고, 암벽 등반 강습에 등록하는 것이나 사업자금을 마련하는 의미일 수도 있다.[9] 하지만 창의력과 호기심 그리고 다른 '미덕'들 없이 돈은 우리에게 전혀 도움이 되지 않는다. 이는 필수적이지만 그것만으로는 충분하지 않다는 이야기다.

당신이 가치를 두는 것

우리 모두는 살기 위해 어느 정도의 돈을 필요로 하지만, 그 필요량은 사람에 따라 아주 다르다. 어떤 사람들은 선천적으로 검소하거나 미니멀리스트이며, 물질적인 것을 획득하는 일에 거의 신경 쓰지 않는다. 그들에게는 기본적 욕구를 충족하는 수준의 수입이면 만족감을 느끼기에 충분하다. 반면 어떤 사람들은 안락함이나 위신을 크게 신경 쓰며, 매우 높은 수입을 희망한다. 우리 대부분은 이런 성향들의 중간쯤에 위치하며, 다른 것보다 더 중시하는 특정 유형의 상품이나 서비스를 가지는 경향이 있다. 가령 피트니스에 열심인 사람

---

9 다능인 라이프스타일을 더 합리적으로 영위하기 원한다면 가능한 장비와 기구는 대여나 물물교환을 이용하길 추천한다. 적어도 특정 관심사가 지속될 가능성이 있는지 당신이 알게 되기 전까지는 말이다. 또한 다른 관심사로 옮겨갈 때, 장비들을 판매할 수 있다는 장점도 있다.

은 고품질의 운동화에는 많은 돈을 투자하지만 레스토랑에서의 식사에는 거의 돈을 쓰지 않는다. 우리는 열정과 선호의 차이뿐 아니라 각자 다른 의무와 비용을 가진다. 자녀나 다른 가족 구성원을 지원해야 할 수 있고, 생활비가 많이 드는 대도시에 살고 있을 수도 있다. 어쩌면 학자금 더미에 앉아 있을 수도 있고 말이다. 결국 당신의 재정 상황이 무엇이든, 소득 목표만큼이나 당신이 가치를 두는 대상을 구체화하는 것이 중요하다. 당신에게 얼마가 필요하며 왜 필요한지를 명확히 그려 놓지 않고 그저 '더 많이'를 추구한다면, 만족스러운 기분은 절대 느낄 수 없을 것이다.

풍요로운 인생을 위한 질문

다음 질문들은 당신이 자신의 재정 목표를 이해하는 데 도움을 줄 것이다.

1. 당신의 기본적인 생존 예산(집세, 공과금, 식비 등)은 무엇이며, 추가적인 비용에는 무엇이 있는가?

2. 당신은 무엇에 가치를 두는가? 당신에게 큰 기쁨을 가져다주는 상품이나 서비스군이 있고, 다른 것들은 그다지 중요하지 않은가? 이는 개인적이며 주관적이므로 당신 자신을 심판하려고 들지 말자. 가령 아침에 마시는 라테를 사랑한다면 그것은 아주 좋은 가치다! 당신은 텔레비전에 대해서는 그다지 신경 쓰지 않으며, 케이블이 끊겼

는지 어떤지조차 거의 알아차리지 못할 수 있다. 당신이 가치를 두는 것이 무엇인지, 그리고 없어도 살 수 있는 것은 무엇인지에 대해 솔직해져라. 이를 알고 있으면 불필요한 지출을 줄여, 삶의 질을 한층 높여주는 것들에 더 많은 투자가 가능해진다.

3. 풍요로운 인생을 살기 위해 당신에게 어떤 물건이나 경험이 필요한가? 여기서 잠시 꿈을 꿔보자. 재정 목표에 도달해서 그런 것들을 성취한다면 당신의 인생은 어떤 모습이며 어떤 느낌일 것 같은가?

4. 당신의 안전망은 무엇인가? 절박한 상황에 처했을 때, 당신에게 잠잘 곳을 제공하거나 돈을 빌려줄 친구나 가족이 있는가?

생존 욕구를 우선 충족하기

당신의 다능인 기질을 뒷받침하는 직업을 구축하는 데는 시간과 실험이 필요하다. 아마 당장은 임금 목표에 도달하지 못할 테니, 일단 기본 생존 욕구가 충족되는 선을 확보하는 것이 현명하다. 이는 다소 이상적이지 못한 일자리를 임시로 찾는 것, 완벽히 당신을 빛나게 해주지 않더라도 시장성 있는 기술에 의존하는 것, 저축에 의존해서 사는 것, 지출을 줄이거나 룸메이트와 함께 살며 생활비를 절감하는 것 등을 의미할 수 있다.

팀 맨리Tim Manley는 화가 및 작가가 되겠다는 결정을 할 때, 고등학교 교사였던 당시의 직업을 그만두지 않았다. 그는 몇 년간 계속해서 교직에 있으면서 부업으로 예술을 추구했다. 그리고 떠날 때가 되었다고 느껴졌을 때, 그는 바로 교직을 그만두는 대신 자신이 전업으로서 창의적인 활동을 지속할 수 있을지 판단이 설 때까지 1년간 휴직하기로 했다. 그는 다시 가족과 함께 살면서 지출을 줄였고, 오랫동안 갈망해왔던 작업들을 하면서 그해를 보냈다. 이듬해, 팀은 교직으로 돌아와 마지막 1년을 보내면서 돈을 모으고 인수인계를 해나갔다. 팀은 혼자서 모험을 하고 실험해보며, 가족에게 기대 지출을 줄이면서 오랜 시간 동안 철저하게 생각한 끝에야 비로소 다음 단계로 도약했다. 물론 자신의 임기를 명예롭게 마무리하고 말이다. 완벽하게 이상적이지는 않지만 생계를 유지하게 하는 직업을 지속하는 것은 매력적으로 들리지 않을 수 있다. 하지만 이는 우리의 꿈을 이뤄줄 (임시) 방편이 될 수 있다. 믿을 만한 수입원은 한결 쉽게 자유로운 실험을 가능하게 한다. 지금 당장 우리의 열정적 활동으로 수입을 만들어야 한다는 압박감을 없애주기 때문이다!

돈에 대해 생각해보기

- 우리는 생활하고 성공하기 위해 돈이 필요하지만, 그 액수는 사람에 따라 아주 다르다.
- 돈은 행복한 인생을 구성하는 한 가지 요소일 뿐이다.
- 인생을 계획할 때, 우리의 재정적 필요와 목표, 가치 그리고 상황에 주목하는 것이 중요하다.
- 우리의 다능인 기질을 뒷받침해줄 직업을 구축하는 데는 시간과 실험이 필요하다. 그리고 그동안 우리는 기본 생존 욕구들이 보

장될 수 있도록 조치해야 한다.

일을 하는 의미

나와 이야기를 나눈 행복하고 성공적인 다능인들에게, 괜찮은 수입이란 그 자체만으로 충분하지 않았다. 그들에게는 자신들이 중요한 무언가를 하고 있다는 느낌도 필요했다. 우리의 목표는 당신이 별로 관심 없는 다수의 잡다한 일들을 찾아주고 생계를 유지하게 해주는 것이 아니다. 자기 자신(매 순간, 다양성을 있는 그대로)을 지지하는 건 물론 필요하다. 하지만 당신이 의미 있는 일을 하고 있다는 의식 없이는 그 어떤 것도 중요하지 않다.

우리는 어떤 활동이나 프로젝트가 의미 있다는 것을 느낌으로 안다. 멜레아 수어드Melea Seward는 스스로를 '소통과 전략 상담가이자 강연가이며 즉흥 스토리텔러 및 교육가'라고 묘사하는 인물이다. 그녀에게 의미를 어떻게 정의하느냐고 질문하자, 쿵쾅거리는 심장의 감각과 점점 숨이 차오르는 느낌이라고 묘사했다. "당신은 그런 느낌이 언제 드는지 알 거예요. 그리고 인생에서 어떤 때 그런 느낌이 들지 않는지도 알고 있을 거고요. 의미가 없다면, 당신의 세계는 아주 작게 느껴지고 인생은 지루할 거예요." 의미 있는 활동에 참여하는 것은 마치 멋진 무언가를 뜻밖에 만난 듯한 느낌을 들게 한다. 우리 내면의 독특하고 특별한 능력에 다가섰거나 심지어 우리 자신보다 큰 창조적인 힘이 나오는 것 같은 느낌을 받기도 한다. 의미 있는 활동은 우리를 활력 넘치게 하거나 큰 기쁨을 준다. 물론 이런 활동들도 때로는 어렵고 지칠 수 있다(사회복지사 또는 작가에게 물어본다면 내가 무엇을 말하는지 알 것이다). 그러나 일이 그 자체로 어려울 때, 우리는 마음속 깊이 우리가 중요한 일을 하고 있다는 생각에 의존하여 헤쳐 나간다.

'왜'라는 질문의 중요성

당신에게 의미 있는 것을 찾는 강력한 방법은 스스로에게 "왜?"라는 단순한 질문을 해보는 것이다. 사이먼 사이넥Simon Sinek은 그의 테드TED 강연 '위대한 리더들이 행동을 이끌어내는 법How Great Leaders Inspire Action'에서 '왜Why'라는 단어의 특별함을 대중화했다. 그는 우리를 이끄는 브랜드와 리더들은 자신들이 무언가를 왜 하고 있는지를 확실히 이해하고 있으며, 그것이 그들이 중요한 위치에 있는 이유를 설명한다고 말한다. 우리 역시 열정 뒤에 숨겨진 원동력의 정체를 찾고 싶다면, 이와 같이 우리만의 '왜'를 확인해보는 것이 방법이다.

우리 자신과 우리를 이끄는 힘에 대해 더 잘 이해할수록, 단순히 재정 목표만을 만족시키는 것이 아닌 옳은 결정을 한결 수월하게 할 수 있다. 우리는 무엇이 우리에게 의미 있는가(연설, 회계, 연구, 일러스트레이션, 상담 등등)를 이해하기에 앞서 왜 이런 활동들이 그토록 성취감(사람들에게 영감을 불어넣기 때문에, 문제를 풀었기 때문에, 새로운 것을 배웠기 때문에, 명상에 서서히 빠져들기 때문에, 사람들이 자신의 감정을 이해하도록 돕기 때문에 등)이 드는지를 이해해야 한다. 발달장애 아동들을 대상으로 일하는 헤더 마틴데Heather Matinde는 자신이 사람들을 자연적인 촉각의 세계로 안내하는 것을 좋아한다는 사실을 발견했다. 그렇게 해서 그들이 물리적이며 감정적으로 기분이 더 나아질 수 있게 말이다. 이런 깨달음은 그녀가 미니멀리스트 샌들 사업을 시작하도록 이끌었다. 이 신발은 충전재가 거의 들어 있지 않고 납작해서, 신발을 신은 사람이 발밑의 땅바닥을 느낄 수 있다. 많은 사람들이 이 신발을 신었을 때 자유롭고 구애받지 않는 느낌이 들었다고 평가했다. 이는 장애 아동들과 일했던 경험과는 또 다른, 헤더가 사람들에게 촉각적인 방식으로 자연을 느끼게 하고 편안함과 자유를 주는 방법이다. 이렇게 보면 이 프로젝트는 헤더의 '왜'와 완벽히 연결되는 것이다.

우리의 '왜'를 파악하는 것은 이처럼 이질적으로 보였던 관심사들에서 하나의 이야기를 창조할 수 있게 하며, 새로운 직업을 생각하는 시작점이 된다. 예를 들어 우리의 '왜' 중 하나가 복잡한 아이디어를 단순화하는 것이라면, 교직과 일러스트레이션, 과학 커뮤니케이션[10] 같은 분야에서 일하면서 의미를 찾을 수 있을 것이다. 우리의 '왜' 중 하나가 사람들에게 안정감을 들게 돕는 것이라면, 정신요법이나 개인지도, 사회복지 업무에서 의미를 찾을 수 있으며 심지어 보험업도 고려해볼 수 있다! 우리는 어떤 분야나 직업이 우리에게 의

___

10 물론 이 목록만이 전부는 아니다.

미를 주는지 실험을 통해서 알 수 있지만, 우리의 '왜'를 아는 것은 그 실험을 어디서부터 시작해야 하는지에 대한 단서를 줄 수 있다.

당신의 '왜'에는 무엇이 있을까?

다음 연습은 그 해답을 찾는 데 도움을 줄 것이다.

1. 당신이 완전히 살아 있음을 느끼고 물 만난 물고기처럼 활력 넘쳤던 시간을 생각해보자. 그때 당신은 무엇을 하는 중이었는가? 두 눈을 감고 그때의 환경이 어땠으며, 누가 함께 있었고, 기분은 어땠는지를 떠올려보자. 세부적인 것을 더 많이 기억해낼수록 좋다. 마치 그림을 그리듯 할 수도 있다. 그런 순간은 당신의 직업 이력 중의 경험일 수도 있고, 아주 개인적인 경험일 수도 있다. 내가 이 연습을 처음 할 때 머릿속에 떠오른 이미지는 어린 시절 둥근 나무 식탁에서 나의 동물 인형들과 티파티를 하는 것이었다. 나는 그 식탁에서 시간가는 줄을 몰랐다.

2. 특정 활동(역사책 읽기, 마케팅 전략 세우기, 가구 만들기, 소설 쓰기, 기계공학자들과 팀을 이뤄 수술로봇 설계하기 등)을 생각해냈다면, 이제 더 자세히 들어가 보자. 당신은 그 활동에서 어떤 점을 사랑했는가? 당신은 왜 그 점에 끌렸는가? 내 경우, 식탁에서의 그 시간 중 내가 사랑했던 건 상상력과 재료들을 알맞게 섞는 행동이었다. 식탁은 나의 아이디어들에게 생명을 주는 장소였다. 내 아이디어들이 그림으로 표현되든, 점토로 만들어지거나 인형극으로 상연되든 그건 중요하지 않았다. 지금까지도 나는 상상과 혼합물을 만들어내는 행위와 같은 일에 계속해서 끌리며 찾고 있다. 이 역시 영화 제작의 형태든 글쓰기 혹은 온라인 커뮤니티 개설 등의 형태든 상관없다. 각각의 매개체는 상상과 혼합물을 만들어내는 행위의 서로 다른 수단일 뿐이다.

3. 당신에게 살아 있다는 느낌을 주는 세 가지에서 다섯 가지 정도의 순간을 생각해 낼 때까지 위의 첫 번째와 두 번째 단계를 반복하자. 당신의 순간들이 서로 매우 다르며, 당신이 끌린 이유가 각각 다르거나 서로 모순된다고 해도 괜찮다.

4. 새 종이 위에 당신이 알아낸 '왜'들의 목록을 만들자.

5. 처음 목록에 적은 각 순간들로 돌아가보자. 그때와 같은 이유로 당신의 관심을 끄는 직장이나 개인 생활의 다른 경험들을 생각할 수 있는가?

6. 당신의 순간들에는 어떤 유사성이 있는가? 다른 사람들이 관여되어 있는가? 그렇다면, 그 사람들은 어떤 부류인가? 당신의 순간들이 조용한 장소에서 발생했는가, 아니면 주변 에너지가 아주 급변하는 곳이었는가? 다시 말하지만, 그 장소들이 서로 상충되더라도 걱정하지 말자. 당신이 혼자만의 활동과 그룹 활동 모두를 좋아한다고 해도 괜찮다. 우리는 다능인으로서 모순을 예상하고 계획하기를 원한다.

'왜'를 한 가지 이상 가져도 괜찮다

혹시 우리의 모든 관심사와 배경을 단 하나의 원동력으로 줄여야 할 것 같은 마음이 드는가? 단 하나의 '왜'를 만드는 과정은 모든 것을 지나치게 단순화할 가능성과 전문가라는 이상에 대한 또 다른 버전을 우리 삶에 적용시킬 위험이 있다. 당신을 움직이는 패턴과 힘을 이해하되, 당신의 다능인 기질을 편안히 받아들이는 법을 배우자. 당신은 복잡하고 미묘한 생명체다. 당신은 모순되는 점과 놀라운 점을 모두 소유하고 있다. 그리고 그것이 장점이다.

수익과 의미의 가치를 충분히 알기

우리가 빠져든 모든 일이 수입을 내고 상당한 의미까지 느껴진다면 가히 환상적일 것이다. 우리는 가능한 의미와 수익성이 중첩되는 지점을 찾기 원하지만, 다능인들은 사랑하는 수많은 대상들과 함께 늘 변화하는 생명체이므로 순전히 즐거움을 위해서(또는 순전히 돈을 위해서) 무언가를 한다고 해도 수치스러울 것은 없다.

우리는 수입을 내지 못하는 관심사들에 대해 평가절하하기 쉽다. 그러나 수익성을 가치와 혼동하지 않도록 주의해야 한다. 직업과 연관되어 있지 않은 활동이더라도 개인적인 수준에서는 상당히 가치 있을 수 있다. 그런 활동은 우리에게 성장할 기회를 줄 수 있으며, 나중에 보상이 될 수도 있고 우리의 정신이나 신체 건강을 향상시킬 수도 있다. 또한 가족과의 좋은 시간을 보낼 기회가 되기도 하는 등 수량화할 수 없지만 중요한 많은 혜택을 줄 수 있다. 다능인들은 일반적으로 살아가면서 다수의 프로젝트와 활동들을 겸행하는데, 이 중에는 수익성 있는 것들도 있고 그렇지 않은 것들도 있다. 그러므로 결국 자신의 삶을 지탱해줄 만큼의 돈이 있다면, 우리가 추구하는 활동 중 어떤 것이 수입을 창출하더라도 상관없다.

같은 맥락으로, 단지 돈을 위해 무언가를 하는 것도 괜찮다.[11] 분명 우리는 자신이 하는 일을 싫어해서는 안 되며, 사람들은 영혼을 채워주지 않지만 생계를 유지하기 위해 기술을 사용하는 일에 대해 저

---

11 이는 당신이 누구에게 질문하느냐에 따라, 명백히 불경스럽거나 뻔뻔한 진술로 생각될 수도 있다.

마다 다른 정도의 참을성을 가진다. 닐 휴스Neil Hughes는 프리랜스 프로그래머로, 동시에 작가이자 희극배우이기도 하다. 수입 중 대부분은 프로그래밍 작업에서 나오는데, 그는 이 일을 꽤 즐긴다. 프로그래밍은 그의 가장 수익성 좋은 기술이며, 비록 다른 프로젝트들 정도의 의미를 선사하지는 못한다고 하더라도 이 일로 다른 프로젝트들을 실행할 수 있게 된다. 우리가 하는 모든 일이 반드시 수익을 낼 필요가 없듯이 꼭 의미가 있어야 하는 것도 아니다. 우리가 인생을 살면서 세상에 긍정적인 영향을 미치고 있다고 느낄 정도면 충분하다.

의미에 대해 생각해보기

- 다능인들이 행복하기 위해서는 삶에 의미가 필요하다.
- 어떤 활동이 의미 있는지 아닌지에 대해서는 정해진 기준이 없지만, 우리는 대개 느낌으로 그것을 안다.
- 우리에게 의미를 가져다 주는 활동을 구분하는 한 가지 방법은 우리의 '왜'를 알아내는 것이다. 그것이 우리를 동기부여하고 움직이는 힘이다.
- '왜'를 알아내기 위해서, 과거 우리에게 의미를 주었던 일들을 생각해볼 필요가 있다. 우리는 그 활동들이 무엇이었는지가 아니라 왜 우리가 그 활동을 즐겼는지를 질문해보아야 한다. 어떤 활동들이 당신을 끌어당기고 살아 있는 느낌을 주었던가?
- 하나 이상의 '왜'를 가지는 것 그리고 그 '왜'들이 서로 모순되어

보이는 것 모두 괜찮다.

• 순전히 즐거움만을 위해서나 심지어 전적으로 돈을 위해서 무언
가를 하는 데는 아무 문제가 없다. 우리가 전반적으로 인생에 필
요한 돈과 의미를 가졌다면 말이다.

다양성의 충족

당신은 아마도 이런 말을 들어봤을 것이다. "당신이 사랑하는 일
을 찾아라, 그러면 평생 하루도 '일'을 하지 않게 될 것이다." 그러나
이미 본성 자체가 행복하기 위해 다양성을 필요로 하는 다능인들에
게는, 이 조언이 그다지 유용하지 않다. 비록 사랑하는 일을 찾았다
고 하더라도, 그 일을 영원토록 매일 해야 한다면 우리는 그다지 성
취감을 느끼지 못할 것이다. 하지만 직업에 관한 조언 중 주류는 일
반적으로 다양성이 우리 같은 이들에게 필수적이라는 사실을 인정
하지 않는다. 한 번에 매우 다른 두 가지(혹은 그 이상의) 분야에서 경
력을 쌓으려는 당신에게 도움이 될 만한 직업 상담가는 찾아보기 드
물다. 대부분의 직업 관련 서적들은 당신에게 여러 선택에서 시작해
'완벽하게' 어울리는 단 하나의 직업으로 좁혀 들어가게끔 하는 것
을 목표로 한다. 당신의 관심사들을 결합하고, 다양한 역할을 할 수
있는 다면적인 직업을 생각해내도록 도와주는 것이 아니라 말이다.
다양성은 우선순위가 되기는커녕 거의 필요성을 인정받지 못한다.

우리는 직업에서 풍부한 변화를 가질 때, 돈과 의미를 동시에 선사하는 활동들로 하루를 시작하고 적당한 빈도로 프로젝트 사이를 전환한다. 모든 다능인들은 행복하기 위해 인생에서 다양성을 필요로 하지만, 돈과 의미의 경우와 마찬가지로 그 정도는 사람마다 다르다. 다양성이 너무 적으면 지루하고 짜증나며 불안하므로, 우리는 자신이 누구인지를 폭넓게 표현할 수 없다. 반대로 다양성이 너무 많으면, 우리는 원하는 만큼 진전이 되지 않기 때문에 압도당하고 좌절한다.

다능인들은 종종 자신에게 과다한 일을 부여하면서 인생에 지나치게 많은 다양성을 불러들인다. 우리는 새로운 것을 배우고 경험하고자 하는 강렬한 욕망을 지니고 있다. 지금 막 떠오른 영 어덜트 소설 구상부터 꿈꿔왔던 아일랜드 자전거 여행, 그리고 방금 발견한 믿을 수 없이 멋진 해양고고학 대학원 과정까지 전부 말이다. 그러나 살면서 점진적으로 이 모든 것들을(혹은 그 이상을) 추구할 수 있을지는 몰라도, 한꺼번에 모든 것을 한다면 결코 즐거울 수 없는 지경까지 압도될 수도 있다.

하나의 집중대상으로 스스로를 밀어버릴 필요는 없지만, 자신의 그릇보다 너무 많은 것을 담는 것 역시 다능인들에게는 스트레스일 수 있다! 다행스럽게도 이 세상에서 단 하나의 일을 하는 것과 모든 것을 하는 것 사이에는 중간 지점이 있다. 당신의 임무는 당신만의 중간 지점을 알아내는 것이다. 이는 사람에 따라 다르다. 당신의 그릇이 세 개의 프로젝트를 담았을 때는 행복하지만 네 번째가 더해

지면 압박감이 느껴지기 시작하는가? 아니면 그 수가 훨씬 많은 편인가? 어쩌면 당신의 그릇은 아홉 개나 열 개의 프로젝트까지 담을 수 있을지 모른다. 혹은 우리가 1장에서 논의한 스펙트럼에서 순차적인 끝부분에 위치하여, 다음 분야로 전환하기 전 하나의 분야에만 깊이 빠져 있는 것을 진정으로 좋아할 수도 있다.

우리가 필요한 다양성의 양은 사람에 따라 다를 뿐 아니라, 한 사람의 인생에 걸쳐서도 변동을 거듭한다. 영화 제작을 공부하던 시절, 나는 다른 것은 거의 생각하지 않았다. 영화는 내 인생을 장악하는 듯했고, 나는 그해의 여덟 달을 20분짜리 단편영화를 제작하는 데 푹 빠져 보냈다. 살면서 서너 가지 분야에 동시에 매진했던 때도 있었다. 20대 언젠가의 나는 사업을 운영하면서 곡을 쓰고 화학 수업을 들었으며, 방과후 교사로 자원봉사를 했다. 그리고 현재, 나는 온라인 커뮤니티 운영을 비롯해 강연을 준비하는 등 다양한 사업 활동을 하고 있다. 물론 이 책을 집필하는 것을 포함해서 말이다. 우리는 저마다 다른 계절을 거친다. 때로는 한 분야에 깊이 빠져드는 것이 이치에 맞을 때도 있고, 때로는 엄청난 다양성이 우리의 활기를 북돋우고 활기차게 할 때도 있다.

다양성은 하나의 직업 안에서도 가능하다

영화 제작이란 극도로 다양한 분야를 아우른다는 사실에 주목할 필요가 있다. 다시 말해 영화감독은 매일매일 글쓰기, 드로잉 및 스토리보딩, 연출, 촬영, 편집, 음악 구성, 영업, 이벤트 기획, 마케팅 등

등 수많은 복합적인 기술범위를 사용한다는 뜻이다. 나는 내 영화를 위해 스토리를 쓰고 연출과 제작을 했으며 음악을 작곡하곤 했다. 나는 그렇게나 많은 일을 할 수 있다는 점이 너무나 좋았다! 덕분에 여덟 달 동안 다른 것은 거의 생각하지 않고 보낼 수 있었다.

만약 우리가 통합적인 분야에서 활동한다면 다양성을 향한 우리 다능인들의 갈증을 충족시키기 위해 추가적인 활동을 고려할 필요가 거의 없다. 예를 들어 인공지능 같은 분야는 심리학과 철학, 기술, 신경 과학, 컴퓨터 공학, 수학, 로봇 공학, 패턴인식, 기계 학습 그리고 시지각 분야를 혼합한다. 그리고 환경 친화적 개발 분야에는 조직 발전, 경제학, 사회 정의, 생태학, 정치, 기술, 경영, 건축학 그리고 문화에 대한 이해가 필요하다. 이런 분야에서의 프로젝트들은 외부자들의 눈에는 '한 가지 일'처럼 보일 수 있지만, 실제로는 우리에게 엄청난 다양성을 선사한다. 즉 통합적인 분야일수록 다양성에 대한 우리의 욕구는 덜해진다.

당신에게는 얼마나 많은 다양성이 필요한가?

당신의 인생에서 얼마나 많은 다양성이 필요한지 알아내도록 도와줄 몇 가지 질문들이 여기 있다. 처음 세 질문들은 당신의 평소 패턴이 어떠한지 이해하도록 도와줄 것이며, 4번부터 6번의 질문들은 현재 당신이 처한 상황을 평가할 수 있도록 해줄 것이다.

1. 같은 일을 너무 많이 하고 있어서 지루했거나 활력을 잃었던 시기를 생각해보자. 당

시 얼마나 많은 프로젝트를 작업하고 있었나? 그 프로젝트들이 통합적인 분야였는가, 상당히 전문화된 분야였는가?

2. 당신의 그릇에 지나치게 많은 프로젝트들이 담겨서 완전히 압박감을 느꼈던 시기를 생각해보자. 당시 얼마나 많은 프로젝트를 작업하고 있었나? 그 프로젝트들이 통합적인 분야였는가, 상당히 전문화된 분야였는가?

3. 당신의 그릇에 완벽하게 균형을 이룬 프로젝트들이 담겼다고 느꼈던 시기를 생각해보자. 당시 얼마나 많은 프로젝트를 작업하고 있었나? 그 프로젝트들이 통합적인 분야였는가, 상당히 전문화된 분야였는가?

4. 현재 당신의 개인적인 프로젝트들과 직업적인 프로젝트들을 통합적으로 생각해보고, 다음의 선 위에서 당신이 현재 위치하고 있다고 생각되는 지점에 X 표시를 하자.

아주 많은　　　　　　　　　　　　　　　　　　　　　단 하나의
프로젝트　　　　　　　　　　　　　　　　　　　　　프로젝트

5. 이제 다음의 선 위에서 당신이 위치하고 싶은 지점에 X 표시를 하자.
   (주의: 이 연습은 당신의 인생에서 특정 시기마다 다른 결과를 낼 수 있다)

6. 두 번째 X가 찍힌 지점은 첫 번째 지점과 다른가? 그 지점에 다다르기 위해 무엇이 필요한가? 당신은 인생에서 어떤 프로젝트나 활동들을 줄이거나 더해야 하는가?

평가의 중요성

당신의 인생에서 필요한 다양성의 정도를 가늠하는 것은 유용하기는 하지만, 매번 새로운 상황에서 당신에게 얼마나 많은 정도가 필요한지를 예측하기란 어려울 수 있다. 우리에게 필요한 다양성의 정도는 변동이 심하며 개개의 프로젝트 속성에 달려 있으므로, 실행 후 그 결과(지루한 느낌이었는가, 압박감을 느꼈는가 등등)를 숙고해보는 것이 중요하다. 그다음, 만족감을 주는 정도에 가까워질 때까지 프로젝트들을 더하거나 빼면 된다.

다양성에 대해 생각해보기

- 직업에 관한 조언들은 대개 다양성에 대한 필요를 인정하지 않는다. 다능인들에게는 절대적으로 필요한 요소일지라도 말이다.
- 충분한 다양성을 갖춘다는 것은 여러 기술과 프로젝트를 적절한 빈도로 전환한다는 의미다.
- 우리에게 필요한 다양성의 양은 사람에 따라 모두 다르며, 한 사람의 삶 속에서도 계속해서 변한다.
- 통합적인 프로젝트나 분야일수록, 다양성의 욕구를 충족하기 위한 추가적인 활동의 필요는 적어진다.
- 실험이 핵심이다. 당신의 감정에 주의를 기울이고, 당신에게 만족스러운 정도의 다양성에 도달할 때까지 프로젝트들을 더하거나 빼도록 하자.

큰 그림 정의하기

이 과정은 단순히 직업뿐 아니라 인생을 설계하는 것이기 때문에, 우리의 이상적인 직업이나 경력이 무엇인지가 아니라 이상적인 삶이 무엇인지를 자문해보는 것이 중요하다. 우리는 보다 커다란 차원에서 자신이 목표로 하고 있는 것이 무엇인지를 파악한 후에야 비로소 인생을 재정적으로 잘 돌아가게 만들 방법을 알아낼 수 있다. 폭넓은 범위에서 자신의 목표를 파악하고, 현재의 직업이 전체적인 퍼즐에 어떻게 맞아들어가는지 알아보도록 하자.

당신의 '완벽한 날'이란?

'완벽한 날 연습'은 하나의 고전이다. 이 연습은 당신이 나아가야 할 방향에 대한 단서를 알려준다. 또한 단조로운 일상에 갇혀 있거나 새로운 영감이 필요할 때 당신에게 동기를 부여해줄 강력한 도구가 될 것이다.

1. 아침에 일어난 당신의 모습을 그려보자. 당신의 주변 환경은 어떠한가? 누가 함께 있는가? 일어나서 당신은 무엇을 하는가? 그다음에 하는 일은 무엇인가? 당신이 밤에 잠들 때까지의 하루를 계속해서 묘사해보도록 하자.

2. 하루 동안 당신의 기분은 어떠했는가? 이 연습을 현재 시제로 실행하고, 미래의 당신 모습에 정말로 감정을 이입하도록 노력해보자.

3. 앞서 파악한 당신의 '왜'들과 어떻게 조화되는가?

나는 이 연습을 할 때 여러 가지 완벽한 날, 그러니까 내가 시험하고 싶은 제각기 다른 삶이 마구 떠올라 애를 먹고는 했다. 당신도 이 같은 문제가 생긴다면, 하루 동안의 활동을 덜 구체적으로 만들도록 노력하자. 작가실에서 의학 드라마의 스토리라인을 궁리하는 것이 아니라 '한 팀으로서 아이디어를 주고받고 브레인스토밍'을 하는 시간을 상상해보자. 그렇게 하면 작업 중인 그룹 지향적인 창의적 프로젝트가 무엇이든 교환할 수 있다. 심지어 그 자리에서 당신의 '왜'를 삽입할 수도 있다. 또 다른 방법으로는 다양한 '완벽한 날'을 상상하는 것이다. 가령 당신의 '완벽한 날' 중 하나가 뉴욕에 살고 있는 예술가라는 설정이고, 다른 하나는 멋진 스페인 별장에 레스토랑을 운영하는 것이라면 두 가지 모두를 묘사하면 된다. 당신의 '완벽한 날'을 따로 떼어두고, 당신이 무엇을 만들어내고 있으며 어디로 향해 가는지를 상기해야 할 때마다 꺼내 읽도록 하자. 물론 목록을 계속 더해가도 좋다.

인생에 필요한
돈과 의미, 그리고 다양성을 얻는 법

이 장의 연습문제들을 완성하고 나면, 당신은 스스로가 재정적으로, 개인적으로 그리고 정신적으로 추구하고 있는 바를 더 뚜렷이 알게 되었을 것이다. 당신의 목표는 시간이 흐름에 따라 분명히 변할 것이므로 위 답변들에 갇혀서는 안 되지만, 당신이 만들고 싶은 삶을 대략적으로 그려 놓는 것은 중요한 시발점이 된다. 이 연습문제들에 대한 당신의 답변을 어딘가에 안전하게 보관하자. 다음 파트에서 이들을 다시 살펴보게 될 것이기 때문이다.

이제 당신은 더 나아가 직장생활의 세부사항들을 정의해볼 수 있다. 당신은 정확히 어떻게 필요한 돈과 의미와 다양성을 얻을 것인가? 당신은 전문적으로 어떤 분야를 추구할 것인가? 당신의 현재 기술은 어느 지점에 어울릴까? 당신은 어떤 조직을 위해 일할 것인가, 혹은 독자적인 사업을 할 것인가? 이제 당신의 기술과 관심사가 교차하는 지점과 맞닿는 직업류를 생각하고 구체화해보도록 하자.

PART II

어떻게
일하면
좋을까

우선은
선택해야 한다는 중압감을 없앨 필요가 있다.
왜냐하면
선택하지 않는 것 역시 선택이기 때문이다.

How to be Everything

다능인을 위한 단 하나의 이상적인 직업이 없음에도 불구하고, 나는 행복한 다능인들이 대부분 다음의 네 가지 직업 모델 중 하나를 사용한다는 사실을 발견했다.

직업 모델 1 : 그룹 허그 접근법

그룹 허그 접근법은 몇 가지 직업 영역을 오가며 많은 역할을 할 수 있는 다면적 일이나 사업을 하는 것을 뜻한다.

당신은…

- 여러 가지 능력을 쏟아부어야 하는 다차원의 프로젝트를 사랑하는가?
- '생계를 위해 하는 일'이 당신이 누구인지를 완전히(혹은 근접하게) 반영해주기를 원하는가?
- 서로 연관성 없는 프로젝트들을 너무 많이 하게 될 때 압박감을 느끼는가?

• 언제든지 한 분야에 집중하고 그 작업이 더 큰 전체에 기여할 수 있도록 작업에 동시성이 있는 것을 선호하는가?

이 질문들에 그렇다는 대답이 두 개 이상이라면, 제4장(85페이지)에서 논의하게 될 그룹 허그 직업 모델에 주목해보자.

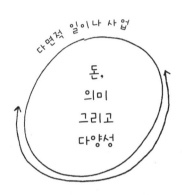

직업 모델 2 : 슬래시 접근법

슬래시 접근법은 당신이 정기적으로 오고갈 수 있는 두 개 이상의 파트타임 일이나 사업을 하는 것을 뜻한다.

당신은…
• 매우 다른 주제의 업무들을 자주, 번갈아 하기 좋아하는가?
• 전문적이거나 틈새 주제에 종종 매료되는가?

- 당신의 열정을 단일 개체 수행에만 결합하는 일에 그다지 신경 쓰지 않는 편인가?
- 안정성보다 자유와 유연성을 더 가치 있게 여기는가?

이 질문들에 그렇다는 대답이 두 개 이상이라면, 당신은 마음속으로 딱 슬래시 직업주의자일 가능성이 크다. 그렇다면 제5장(107페이지)이 당신의 장이 될 것이다.

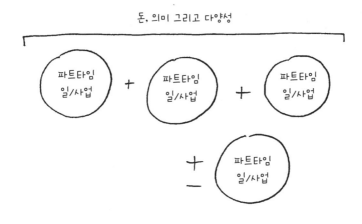

돈, 의미 그리고 다양성

직업 모델 3: 아인슈타인 접근법

아인슈타인 접근법은 당신의 생계를 완전히 지원하는 풀타임 일이나 사업을 하되, 부업으로 다른 열정을 추구할 만한 충분한 시간과 에너지를 남기는 것을 뜻한다.

당신은…

- 유연성보다 안정성을 더 중시하는가?

- 임금을 받는 일을 즐기고 싶지만, 그것이 전부여야 한다고 느끼지는 않는가?

- 취미로 재미를 위해 많은 관심사를 추구할 때, 기쁨과 의미를 얻는가?

- 일반적으로 많은 보수가 따르지 않는 일을 추구하기를 원하는가?[12]

이 질문들에 그렇다는 대답이 두 개 이상이라면, 제6장(124페이지)의 아인슈타인 접근법을 확인해보길 바란다.

'돈의 빛줄기'는 당신의 프로젝트에 숨결을 불어넣는다.

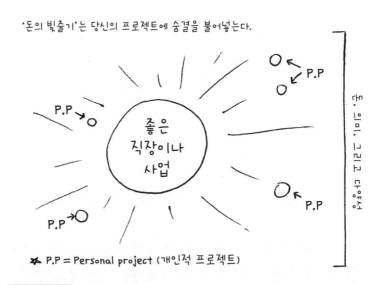

★ P.P = Personal project (개인적 프로젝트)

---

12 가령, 예술과 관련된 모든 일

직업 모델 4 : 피닉스 접근법

피닉스 접근법은 단일 분야에서 몇 달 혹은 몇 년간 일한 후, 방향을 바꿔 새로운 분야에서 새로운 일을 시작하는 것을 뜻한다.

당신은…

- 꽤 오랜 기간 동안 하나의 대상에 사로잡히는가?
- 새로운 분야로 옮기고 싶어 몸이 근질거리기까지 몇 달이나 몇 년이 걸리는 편인가?
- 특정 주제에 깊이 빠져드는 것을 좋아하며 종종 전문가로 오해받는가?
- 행복한 인생을 위해 많은 다양성이 필요 없는가?

이 질문들에 그렇다는 대답이 두 개 이상이라면, 피닉스가 당신의 수호 동물일 것이다. 제7장(140페이지)에서 피닉스 접근법에 대한 모든 것을 알아보자.

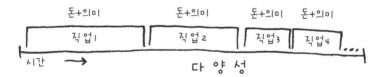

우리는 다음의 네 장에서 각 직업 모델들을 깊이 있게 논의해 볼 것이다. 그 과정에서 많은 다능인들의 흥미로운 사례를 만나볼 것이

며, 각 접근법을 채택했을 경우 당시의 인생이 각각 어떻게 보일지를 생각해볼 것이다.

믹스 앤드 매치도 괜찮다

이 책에서 설명하는 네 가지 직업 모델이 활용과 유연성 측면에서 많은 영감을 주리라 믿는다. 하지만 나는 이 책을 읽는 독자들에게 한 가지 모델만 선택하라고 말하지는 않을 것이다! 원하는 대로, 몇 년에 한 번씩 모델을 바꾸어도 좋으며, 혼합해도 좋다. 모두 다 괜찮다. 이 직업 모델들을 당신에게 엄격히 적용하려는 의도가 아니다. 단순히 구조와 시작점을 제공해서 당신이 자신의 많은 면을 이해하고 그것들을 만족스러운 직업과 인생으로 해석해내는 방법을 개념화할 수 있게 하고자 함이다.

나를 온전히 반영하는
직업을 찾는다면

당신의 모든 관심사가 하나로 합쳐져 거대한 '그룹 허그'를 한다고 상상해보자. 이 상상은 우스울 수 있고 어쩌면 충격적일 수도 있겠지만, 은유적으로 한번 생각해보자. 당신의 모든 관심사를 한데 모아주는 하나의 직업을 발견하거나 설계하는 것이 현실일 수 있다면? 놀랍지 않은가! 그룹 허그 접근법은 몇 가지 직업 영역을 오가며 많은 역할을 할 수 있는 다면적 일이나 사업을 하는 것을 뜻한다. 그룹 허그 접근법에 따르면 당신은 하나의 직업 내에서 돈과 의미 그리고 다양성에 대한 욕구를 충족시킬 수 있다. 당신의 이 똑똑한 직업에는 다양성이 있어서, 시간이 지나도 신선함과 역동성을 유지하게 해준다.

당신이 많은 다른 능력들을 사용해야만 하는 다면적인 프로젝트를 사랑하거나, '생계를 위해 하는 일'이 당신이 누구인지를 완전히 (혹은 근접하게) 반영해주기 원한다면, 그룹 허그 직업은 당신이 찾던 모델일 것이다.

모든 관심사들을 뭉뚱그리기

그룹 허그 직업은 새로 세워지거나 창조될 수 있다. 당신은 자신의 관심사와 양립할 수 있는 통합적인 일자리를 추구하거나 당신의 제각기 다른 개성을 풀어내어 모든 자아를 일에 쏟아부을 수 있는 역할이나 사업을 구상할 수도 있다. 어떤 경우든, 당신은 '뭉뚱그리기 smooshing'라는 고도의 과학적인 방식을 통해 여러 가지 주제들을 하나의 직업 안에 결합하고 있는 것이다. 뭉뚱그리기란 말 그대로 정확히 서로 전혀 다른 개체들을 한데 모으는 것을 말한다. 예를 들어 누군가는 정치학, 요리, 인류학 그리고 교육에 관한 관심을 모두 하나로 뭉뚱그린 글로벌 요리교실을 통해 아이들에게 여러 문화를 교육하는 조직을 창설할 수 있다. 또 다른 누군가는 자신의 음악과 심리학에 관한 흥미를 뭉뚱그린다는 이유로 음악치료사가 되기로 결심할 수도 있다. 이제 다능인들이 자신들의 흥미를 환상적인 그룹 허그 직업으로 뭉뚱그리기 위해 사용하는 다섯 가지 전략들을 살펴보기로 하자.

겹치는 분야에서 일하기

당신의 관심사들이 서로 겹쳐지는 분야가 있는가? 학제간의 분야에서 일하기 위해서는 여러 산업들과 시각에 관한 이해가 필요하다.[13] 적합한 분야를 찾기만 하면, 다양성을 가장 목말라하는 다능인들조차 단일 분야에서 편안할 수 있다.

히메나 벨로스 Jimena Veloz 는 본질적으로 학제간 분야에 속한 직업인 도시 설계자다. 당신이 한 주 동안 그녀를 관찰한다면 조사에서 시작해 지도 제작, 현장 방문, 시민 인터뷰, 지역공동체와의 작업, 보고서 초안 작성, 행사 구성, 정책 실행 계획, 설계, 홍보를 비롯해 프로젝트 승인을 위한 각종 작업과 완성된 프로젝트의 평가에 이르는 다양한 활동 모습을 볼 수 있을 것이다. 그녀는 이론적으로나 실제적으로 능력을 발휘할 충분한 기회를 가지고 있다. 히메나는 또한 다양한 맥락에서 일해야만 한다.

당신은 실내에 머무르면서 리서치를 하고 끊임없이 생각하며 동료들과 토론을 벌일 수 있다. 하지만 그러고 나서 당신은 현장으로 나가서 일해야만 한다. '도시'라는 단어의 정의는 너무나 광범위해서 당신은 수많은 영역을 탐구해야 할 수도 있다. 이를테면 주거와 교

---

13 우리는 다양성의 필요를 논의하며 제3장에서 학제간 분야(그리고 나와 영화 제작과의 관련성)를 살펴보았다.

통, 환경, 교육, 예술, 농업, 경제, 건축, 디자인, 조경, 정치, 역사까지 말이다.

재미있는 사실은 다능인 커뮤니티에 수많은 전문 건축가들이 있다는 것이다. 나는 처음 이 패턴을 발견하고 놀랐지만, 그 이유에 대해 생각할수록 점차 이해가 가게 되었다. 건축은 본질적으로 융합적인 또 하나의 분야다. 이는 미술과 과학을 섞어 마술을 부리는데 소형 주택부터 금문교에 이르기까지 그 범위가 다양하다. 물론 세상에는 거의 셀 수 없을 정도의 학제간 분야가 있다. 몇 가지 예를 들면 인공지능과 미술치료, 통합의료, 환경 정책, 로봇공학, 비디오게임 디자인, 생명윤리학, 카운슬링 등이 있다. 다능인들은 이 같은 분야에 끌려 번창하는 경향이 있다.[14]

다능인을 위한 숨은 진주 찾기

어떤 분야에 강렬한 흥미를 느꼈다가 몇 달 내에 완전히 시들해졌던 경험이 있는가? 때로는 다능인들에게 전혀 어울려 보이지 않는 분야가 딱 우리를 위한 숨은 진주일 때가 있다. 조금만 조사를 해보면 다양성을 추구하는 이들과 다재다능한 이들을 향한 전문 분야

---

14 학제간 분야 목록을 더 알고 싶다면, 부록 B를 확인해보자.

를 찾을 수 있을 것이다. 케이티 몰드_{Katy Mould}는 대학에서 의약화학을 전공했다. 그녀는 졸업이 다가오면서 자신이 하나의 전문성을 가지기 위해 발버둥치고 있다는 사실을 발견했다. 동료들은 대부분 한 가지를 전공하고 있었는데, 그녀는 과학의 한 가지 측면만 이수해야 한다는 생각이 자신을 제한하고 있다고 느꼈다. 운 좋게도 케이티는 과학적 아이디어를 비전문가들에게 전달하는 '과학 커뮤니케이션'이라는 분야를 발견했다. 그녀의 말에 따르면,

과학 커뮤니케이션에 종사하는 사람들은 과학의 모든 면에 대해 폭넓게 알되 그 미묘한 차이들을 이해해야 한다. 같은 주제에 대한, 서로 다른 청중들의 이해도에 일치하는 정도로 말하는 방식을 조정해야 하기 때문이다. 그들에게는 대중 강연 및 공연, 청중 관리에 뛰어난 기술과 다양한 학습 스타일에 대한 이해, 창의적인 솜씨와 연습 없이(즉, '즉흥적으로' 하는 능력) 열정적으로 정보를 전달하는 능력이 요구된다. 과학 커뮤니케이션 세계는 종합적인 프로젝트에 호의적인, 아주 멋진 성향을 지녔다. 우리는 예기치 않은 관련 맥락을 통해 사람들이 과학적 개념을 이해하도록 돕는다. 그리고 실제로 이 분야에서 일하고 싶어하는 사람들은 복합적이고 다양한 관심사와 영향력을 가지는 경향이 있다. 나는 예술과 과학을 결합하는 프로젝트를 비롯해 음악과 과학, 프랑스어와 드라마 그리고 과학, 프로그래밍과 과학, 음식과 과학을 결합하는 프로젝트들을 해왔다.

틈새시장으로 보이는 것은 사실상 다능인들을 위한 다면적인 안식처다. 이런 경우는 당신이 생각하는 것보다 더 빈번하게 발생하며, 그것이 우리가 일상에서 주변을 둘러볼 때 종종 다능인들을 인지하지 못하는 이유다. 적합하지 않다고 느껴지는 분야(다양성의 부족으로 당신을 억누를 것이라고 알려진)를 추구하고 있다면, 당신은 약간의 조사를 할 필요가 있다. 그런 분야 내에도 당신의 다능인 기질과 완전히 공감될 특수성이나 학파가 있을 것이다.

교육은 폭넓은 분야이며 교사는 매일 많은 역할을 해야만 한다. 그들은 상담가부터 조력자를 넘어 지도자 역할까지를 끊임없이 넘나들어야 한다. 또한 여러 가지의 학습 스타일을 제공해야만 하며, 문화적 차이를 중재하고 학생들의 사회적 혹은 감정적 문제를 다룰 줄 알아야만 한다. 효과적으로 학급을 운영하는 것은 작은 국가를 운영하는 것과도 같다. 아주 놀라운 일인 것이다!

어떤 사람들은 교사가 되는 것 자체가 그들에게 충분한 다양성을 제공해준다는 사실을 발견했다. 하지만 그 이상을 원하는 사람들도 있다. 사라 마이스터Sara Meister는 발도르프 교육을 하는 초등학교의 교사다. 발도르프 교육은 오스트리아 철학자 루돌프 슈타이너Rudolf Steiner의 가르침에 기반을 둔 독특한 교육 방법론이다. 사라는 그녀의 학급에서 이루어지는 전형적인 수업이 어떠한지를 질문받고 다음과 같이 설명했다.

하루의 주요 교육과정 구성은 메인 레슨Main Lesson이라고 불린다. 이는 아침 일찍 두 시간 동안 학습하는 것으로, 월요일부터 금요일까지 이어진다. 이 시간은 모닝 서클Morning Circle로 시작하는데, 신체의 움직임과 게임, 시 낭독, 노래, 리코더 연주, 두운법 연습, 콩주머니 주고받기, 모형 제작, 인물 드로잉, 암산, 스펠링 연습 등 무엇이든 가능하다. 그러고 나서 어제의 수업을 각종 활동을 통해 복습하고, 그날의 주제에 따라 이야기를 나눈다. 마지막으로 아이들은 그날그날의 수업 내용을 창의적인 방식으로 탐구한다. 이는 마치 연극을 쓰거나 그림을 그리고 요약본을 만들거나 찰흙으로 아프리카 지도를 제작하는 그룹처럼 보인다. 그 핵심은 직접 해보는 탐구 학습에 있다. 교사는 '세계'다. 그들은 자신들이 가르치는 수업을 통해 학생들에게 새로운 세계를 가져다주기 때문이다. 그들은 진실과 아름다움 그리고 선을 강조한다(비판적 사고는 중학교 과정부터 시작한다).

초등학교 과정 동안 발도르프 교사는 한 교실 내에서 거의 모든 과목을 가르친다. 이는 그들에게 다른 과목들의 자료 사이에 유추를 이끌어 낼 수 있는 기회를 제공한다. 전통적인 서양 학교에서는 학문 분야가 개념적으로 구분된다.[15] 전형적인 미국 학교에 다니는 학생은 영어 교실에서 45분 수업을 들은 후 과학 교실로 이동하며, 그

---

15 재미있는 사실 하나. 핀란드는 교육체계를 개혁하여 교과목 중심의 가르침을 학제간 커리큘럼 모델로 대체하고 있다.

후에는 체육 수업을 받으러 가는 일정이 계속 이어진다. 이런 학교의 교사들은 과목 간의 연결성을 거의 이끌어내지 못하거나 협력하지 못한다. 발도르프 교사들은 학생들과 하루를 함께 보낼 뿐 아니라 학년 진급도 함께한다. 한 명의 교사가 1학년을 가르치고, 그 반이 2학년이 되면 해당 교사는 그들에게 2학년 내용을 가르친다. 다음 해에도 교사는 같은 학생들에게 3학년 내용을 지도하며, 이 과정은 해당 학급이 8학년이 될 때까지 지속된다.

사라가 발도르프 교사가 되기로 결심한 데에는 많은 이유가 있지만, 무엇보다 자신의 일에서 아주 많은 다양성과 창의력을 즐길 수 있다는 점이 핵심 특권처럼 다가왔기 때문이다. 그녀는 자신이 열정을 가지고 있는 대상들을 교육과정에 통합하도록 독려받으며, 전통적인 초등학교에 재직하는 경우보다 더 자유롭게 여러 방식들을 바꿀 수 있다. 사라는 단일 학생 그룹에게 많은 과목을 가르치기 때문에, 그녀는 이질적으로 보이는 개념들 간에 연관성을 설명할 수 있다. 또한 자신의 학생들에게 8년이라는 시간 동안 다양한 과목을 가르치므로 같은 내용을 매년 반복할 필요가 없다. 그녀의 일은 계속해서 새롭고 매력적일 수 있다. 이처럼 숨은 진주를 발견해내는 것은 많은 다능인들의 획기적인 직업 전환 중 하나다. 때때로 당신은 그저 당신의 사람들을 찾는 것이 필요할 뿐이다.

열린 조직에서 일하기

그룹 허그 직업을 갖는 또 다른 방법은 당신의 아이디어를 가치 있게 여기고 그 강점을 사용하기를 원하는 진보적인 고용주를 찾는 것이다. 아직도 대부분의 직업 목록들이 다소 전문화되어 있기는 하지만 세상에는 흥미로운 변화가 일어나고 있다. 점점 더 많은 다능인들이 재능 있는 일반직의 가치에 관심을 기울이고 있는 것이다. 이현상은 부분적으로는 비즈니스 세계의 지각변동 때문이다. 즉, 소규모 조직과 스타트업들이 기존의 대규모 조직에 비해 이데올로기적으로나 구조적으로 보다 더 열린 체계가 되는 경향이 있는 것이다. 소기업에 다니는 직원은 "그건 우리가 하는 방식이 아니야"라는 소리를 들을 가능성이 적다. 스타트업들은 종종 다양한 책임을 질 수 있는 사람들에게 의존한다. 모든 세세한 역할에 개개의 책임자를 고용할 예산이나 기반이 없기 때문이다. 물론 모든 스타트업이 그렇다는 것이 아니며, 대기업들 중에도 변화하는 경제 속에서 기업의 선두를 유지하게 해줄 창의적인 인물을 찾는 경우가 많다.

기업이 다능인 친화적인지를 알고 싶은가? 우리는 기업의 마케팅 자료 및 프로젝트를 살펴보거나 CEO를 조사해보고, 어떤 경우에는 구인광고에 쓰인 언어를 통해 그것을 감지할 수 있다. 스레드리스 Threadless는 인기 있는 온라인 패션 쇼핑몰이다. 전 세계의 아티스트들이 디자인을 제출하면, 커뮤니티 회원들은 마음에 드는 것에 투표한다. 채택된 디자인들은 티셔츠 위에 프린트되어 사이트에서 판매된다. 스레드리스는 이 장난스러운 기풍과 다능인들의 도움을 원하는 재미있는 구인광고로도 유명하다. 여기 최근 구인광고에서 그들이 찾고 있는 크리에이티브 디렉터의 자질들을 몇 가지 살펴보자.

당신은…

- 디자이너와 아티스트, 포토그래퍼, 비디오그래퍼 그리고 카피라이터들로 이루어진 통합적인 팀을 관리하고 이끄는 사람
- 상품 전략과 비전(단순히 '어떻게 보여야 혹은 제작해야 하는가'가 아니라 '우리가 무엇을 만들어야 하며, 왜 그래야 하는가'에 대해)에 기여하는 사람
- 우리의 제작팀과 홍보팀을 비롯해 마케팅팀과 디지털팀 그리고 파트너들과 함께 상품의 사용자 경험을 감독하기 위해 아이디어부터 출시까지(그리고 그 이후로도) 긴밀히 협력하는 사람
- 당신이 쉽게 할 수 있는 영역을 벗어나, 박람회 부스 설계부터 간판 제작과 짧은 영상 광고 제작에 이르기까지 새로운 것을 배울 기회를 기꺼이 받아들이는 사람
- 다양한 프로젝트들을 일정에 맞춰 최대한 효율적으로 진행하는 뛰어난 조직 기술을 갖춘 사람

그들과 당장 함께 일하고 싶은 마음이 들지 않는가? 이 직무기술서는 여러 부서로 이루어진 대규모 팀과 함께 일하며, 쉬운 일만 고집하지 않고 도전을 감수하며 새로운 기술을 배우고 다양한 프로젝

트들을 조율할 수 있는 사람을 찾고 있다는 사실을 명확히 한다. 그들은 심지어 '통합적인'과 같은 단어를 던지고 있으며, 회사의 방향에 대해 당신의 아이디어와 조언을 듣기 원한다고 표현하고 있다. 간단히 말해서 이 역할을 완수할 수 있는 전문가가 없다는 뜻이다.[16]

기존의 업무를 보다 다원적으로 만들기

당신의 다양한 재능을 알아봐주고 가치 있게 여기는 조직에 고용되는 것은 분명 아주 멋진 일이다. 하지만 당신의 많은 기술과 재능들을 신경 쓰지 않는 기업에서 이미 일하고 있다면 무엇을 할 수 있을까? 모든 고용주들이 당신의 특이한 직무기술서에 열린 마음을 가지는 것은 아니다. 하지만 올바른 방식으로 문제에 접근하기만 한다면 그들 중 일부를 설득할 수 있다.

다능인들은 한 회사에 고용되기 위해 보통 하나의 특정 기술을 사용한다. 일단 자신의 자리에서 얼마간 일하면서 스스로를 증명해낸 후, 자신들이 회사 내에서 보다 많은 책임을 지고 초점을 바꿀 수 있도록 고용주들을 설득하는 것이다. 디지털 미디어 아티스트 마고 유 Margaux Yiu는 원래 멀티미디어 작업물을 편집하기 위해 고용되었다. 하지만 그녀는 15년 넘게 회사에서 일하면서 다른 수많은 역할들 또

---

16 이 자리가 더 이상 비어 있지 않다고 전하게 되어 유감이다. 나 또한 지원해보고 싶은 유혹을 받았으니까!

한 맡아왔다. 그녀는 웹 사이트를 관리했고 프론트엔드 디자이너팀을 이끌었으며, 수석 포토그래퍼 및 비디오그래퍼로 활동하는 동시에 미디어처리에 관해 동료들을 교육했고 비디오 편집이나 콘텐츠 매니저 같은 다른 공석을 채우기도 했다. 그녀는 어떻게 몇 해에 걸쳐 그렇게 많은 일을 할 수 잇는 황금티켓을 거머쥘 수 있었을까? 그녀는 사업체의 '틈'에 주목했다. 즉, 회사에서 놓치고 있거나 별로 잘하지 못하는 영역을 노렸고 그에 대한 해결책을 제시한 것이다. 마고는 웹 개발에 대한 책임을 맡기 원했을 때, 자신의 상사에게 견고한 웹 사이트가 얼마나 중요한지를 설명했다(때는 90년대다). 그녀가 수석 비디오그래퍼가 된 이유는 회사가 웹 사이트를 위한 촬영을 시작했기 때문이었다. 사진 촬영 경험이 있는 그녀는 그 분야에 경험이 없는 동료들을 제치고 팀을 모아 이끌 수 있었을 뿐 아니라 기본 조명과 카메라 기술에 대해 동료들을 교육할 수 있었다.

당신의 다른 관심사들을 직업과 뭉뚱그릴 수 있게 승인받는 가장 좋은 방법은 당신이 회사에 제공하게 될 가치를 강조하는 것이다. 당신의 멋진 능력을 선전하는 대신, 이 특정 프로젝트가 그들에게 어떻게 도움이 될지를 알려주도록 하자. 당신이 하게 될 굉장한 결과의 그림을 그려서 보여주자(당신이 글쓰기와 수학, 애니메이션, 탭댄스 기술 등을 결과를 내기 위해 사용하겠다면, 그것도 좋다!). 마고는 고용주에게 이런 식으로 말하지 않았다. "저는 HTML 학습에 정말로 관심이 있습니다. 아 그리고 말이죠, 저는 사진을 찍어봤습니다. 아 또, 비디오 편집도 정말로 좋아하는데, 그 일을 맡을 수 있을까요?" 대신 그녀는 멋진 웹 사이트와 전문적으로 보이는 영상을 제작하는 것이 그들에게 결과적으로 얼마나 중요할지를 설명했다.

제시 월드먼Jesse Waldman은 작은 식물원에 고용되었다. 그는 그곳에서 몇 주간 일한 후, 사장에게 상품을 온라인에서 판매할 수 있는 방법을 보여주었다. 그가 개인적으로 전자상거래에 대한 관심에서 얻은 기술을 사용해서 말이다. 제시는 곧바로 회사의 온라인 상품을 개발하는 책임을 맡았다(아울러 승진도 했다). 마고의 경우처럼, 제시 역시 단순히 그가 온라인 비즈니스에 대해 많이 알고 있다는 사실만을 언급하지 않았다. 대신 그는 인터넷 쇼핑몰이 수익에 미칠 영향과 그것을 구축하고 유지하는 것이 얼마나 쉬운지를 설명했다.

당신이 자신의 직업에 특정 기술들을 통합하기를 원한다면 몇 가지 계획을 생각해내기 위해 노력하자. 단, 그것은 당신이 회사의 성장이나 운영이 더 원활할 수 있도록 도우면서 기술들을 사용할 수 있게 해주는 계획이어야 한다. 당신의 프로젝트를 설득할 때, 후자를 강조하자. 프로젝트는 회사의 관심사와 같은 선상에서 표현되어야 한다. 회사가 신경 쓰는 것이 무엇인가? 이 프로젝트가 회사에 어떻게 가치를 가져다줄 것인가?

나만의 사업 시작하기

당신이 많은 역할을 할 수 있도록 해주는 상사와 일하는 가장 쉬운 방법은 당신 자신이 상사가 되는 것이다. 사업가만큼 다면적인 직업은 거의 없다. 사업을 운영하는 것은 상품 개발과 마케팅, 영업, 심리학, 브랜딩에 더해 고객과의 관계와 내부 구축, 그리고 법과 재무를 아우르는 것을 뜻한다. 사업을 시작하기 위해 이 모든 분야에서 당신이 전문가일 필요는 없다(대부분은 진행하면서 알게 된다). 하지만 당신은 특히 처음에는 모든 것을 조금이라도(혹은 많이) 배우고, 실험하고, 실현하려는 강력한 의지를 지녀야 할 필요가 있다.

나는 자라면서 어느 누구에게도 사업을 시작하는 일에 대해 들어보지 못했다. 심지어 20대가 된 후에도 사업가가 무언인지 알지 못했다. 아마도 나는 사업이란 정장 입은 남자들의 전유물이라 생각했을 것이다. 펑크록에 심취해 자기성찰에 빠진 우울한 10대로서는 그런 것에 관심이 있었을 리 없다. 나는 확실히 내가 밴드를 위한 쇼를 예약하거나 개당 몇백 달러로(때로는 포옹이나 초콜릿칩 쿠키 몇 조각으로) 아티스트 친구들을 위한 웹 사이트를 구축하기 시작했을 때 역시 나 자신을 사업가로 생각하지 않았다.

사업가라는 단어가 당신의 흥미를 잃게 만들도록 내버려두지 말자. 사업에는 매우 다양한 종류가 있다. 이 장의 끝에서 당신은 다능인 사업가들에게 가능한 것이 무엇인지에 대한 아이디어를 얻게 될 것이다.

르네상스 사업
하지만 다능인들에게는 한 가지 문제가 있다. 폭넓은 하나의 분야가 어떤 개인에게는 충분히 학제적이지 않을 수 있듯이, 사업 활동이 비록 많은 측면을 가지고 있다 하더라도 여전히 고지식하고 좁게 느껴질 수 있으니 말이다. 특히 고도의 틈새 사업이라면 더욱 그럴 수 있다. 요리를 사랑했더라도, 몇 년 동안 음식 납품업을 운영한 후에는 지루해진 자기 자신을 발견하게 될지도 모른다. 당신이 훌륭한 소셜미디어 매니저일 수 있겠지만, 밤낮으로 클라이언트들의 캠페인 작업을 하다 보면 불만족이 생기고 새로운 일을 탐험해보고 싶어질 것이다. 다행스럽게도 세상에는 광대한 유형의 사업이 하나 있다. 당신이 여러 주제들을 정기적으로 오고갈 수 있게 해주는 사업이다. 나는 이를 르네상스 사업이라고 부르는데, 이는 아마도 다음 사례들을 통해 아주 잘 이해될 것이다.

마크 파워스Mark Powers는 전형적인 드럼 연주자가 아니다. 많은 전문 음악가들이 공연과 강습을 병행해서 수입을 얻는 것과 달리, 마크는 기술과 인류학, 자선활동, 강연 그리고 여행이라는 자신의 몇 가지 다른 열정들을 혼합했다. 결과적으로 그의 사업은 마크가 창의력을 펼칠 수 있는 많은 배출구(많은 매출원과 더불어)를 선사했다. 마크는 직접적으로 타악기를 가르칠 뿐 아니라 스카이프(Skype, 인터넷상에서 영상 대화를 나눌 수 있는 서비스)를 사용해 온라인으로도 강습을 한다. 그의 사업 범위가 물리적 범위를 넘어서기 때문에, 그는 전 세계의 학생들과 함께 일할 수 있다. 2011년, 마크는 청소년 합창단 그리고 지역 음악가들과 녹음하기 위해 우간다로 날아갔다. 그는 그 결과물로 탄생한 앨범을 웹 사이트를 통해 판매했고, 해당 지역에서 인도주의 사업을 펼치는 기관들에 수익금을 보냈다.

　일대일 강습과 국제 자선 사업으로는 충분하지 않았기 때문에, 마크는 또한 타악기 연주자들과 강사들을 위한 디지털 가이드를 창작하고 판매했다. 그는 글쓰기에도 많은 시간을 할애하며, 최근에는 아동용 도서 『드럼 연주자가 되고 싶어요 I Want to Be a Drummer!』를 출판했다. 그는 학교와 지역 주민센터 및 기업에서 워크숍을 열기도 했으며, 테드 엑스TEDx행사를 개최해오고 있다. 물론 그는 여전히 다양한 음악가들과 라이브 공연도 한다. 다능인이 아닌 사람들에게 이런 라이프스타일은 너무 벅차게 다가오겠지만, 마크는 이런 삶을 사랑한다. 그의 르네상스 사업은 그가 자신의 진실하고 완전한 자아 그대로 돈을 벌 수 있게 해주는 더 풍요롭고 역동적인 인생으로 이끌어주었다.

　테드 하그레이브Tad Hargrave는 양심적이고 친환경적인 소기업들에 마케팅 교육을 제공하는데, 이는 르네상스 사업의 또 다른 백점짜리 사례다. 그는 자신이 매료되어 있는 두 가지를 결합하여 이 보석 같은 일을 생각해냈다. 바로 활동주의와 마케팅이다. 테드의 일대기를 보고 이것이 이상적인 그룹 허그가 아니라면 한번 반박해보길 바란다.

　테드 하그레이브는 타고난 마케팅 재주를 개발한 히피다. 수년간 비영리 활동주의 세계에 있던 그였지만, 결국에는 자신이 마케팅에 재능이 있다는 사실을 인정해야만 했다. 그리고 마침내 그는 히피들을 위한 마케팅 코치가 되었다. 이는 어쩌면 그가 자신의 히피 친구들이 그들의 놀라운 친환경적인 프로젝트를 홍보하려 고군분투하는 모습을 견딜 수 없었던 까닭이었을 것이다. 또는 어쩌면 그가 생계를 유지하기 위해 아침 9시부터 저녁 5시까지 일하는 직업을 이어나갈 수 없었던 까닭이었을 수도 있다.

테드는 사업가들에게 마케팅을 교육하기에 안성맞춤인 사람이다. 그가 두 영역 모두를 경험해보았기 때문이다. 일반적으로는 히피들의 관심을 끌지 못하는 마케팅 원리들을, 그는 윤리적이고 이해 가능한 방식으로 옮길 수 있다. 테드의 다방면에 걸친 경험은 이를 가능하게 만들었을 뿐 아니라 지구상에서 마케팅 교육을 제공하는 무수한 다른 사업체들과 차별화될 수 있도록 해주었다.

여기 르네상스 사업의 몇 가지 사례가 더 있다.

- 파이랩Pielab : 카페 겸 커뮤니티 공간으로 앨라배마주 그린즈버러에 위치하고 있다. 이곳은 자전거 수리와 요리 교실 등 직업 기술 교육을 제공한다. 그들의 태그라인은 Pie(파이) + Conversation (대화) = Social Change(사회적 변화)다.
- 마더십 해커맘스Mothership HackerMoms : 세계 최초의 여성 해커 모임이다. 캘리포니아주 버클리에 위치한 이곳은 부모들이 일하고 창작하고 협동할 공간을 제공할 뿐 아니라 현장에서 탁아소를 제공한다.

- 런드로맷 카페The Laundromat Café : 런드로맷은 덴마크의 코펜하겐에 위치한 안락한 카페이자 서점이다. 최근 미국 전역에는 이와 유사한 하이브리드 카페들이 생겨나고 있다.

- 메슈Meshu : 지리적인 영감을 주얼리로 표현하여 판매하는 회사다. 고객들은 자신들에게 의미있는 위치 정보를 입력한다. 그러면 메슈에서는 장소들 사이를 선으로 그리고, 그 모양을 사용하여 목걸이나 귀걸이, 커프 링크스 또는 반지를 제작한다.

- 에이브 카후도abecajudo.com : '창의적 인재를 위한 풀서비스Full Service Creative Human'는 작은 사업체와 브랜드들이 멀티미디어 스토리텔링을 통해 한발 앞서 나가도록 도와준다. 이는 웹 개발, 그래픽 디자인, 비디오 제작, 소셜 펀드 컨설팅 혹은 온라인 과정 개설 등의 형태가 될 수 있다.

르네상스 사업은 때때로 아주 틈새시장으로 인식된다. 하지만 동성 커플이 재산을 관리할 수 있게 도와주기 위해 자신의 재무관리, 카운슬링 그리고 LGBTQ(레즈비언, 게이, 양성애자, 트랜스젠더, 성소수자의 앞 글자를 의미한다 – 옮긴이) 권리에 대한 배경지식을 사용하는 사람을 상상해보자. 이처럼 고도로 구체화된 서비스에는 여러 가지 영역과 사고방식에 대한 이해가 내포되어 있으며, 그 사이를 오고가는 전환도 필요하다. 바로 그 특수성 안에 다양성이 있는 것이다.

나는 몇 가지 주제들을 한 사업으로 뭉뚱그리는 작업이 혼란스럽거나 목적이 불분명한 브랜드를 이끈다는 오해에 종종 맞닥뜨린다. 하지만 르네상스 사업은 아주 수익성이 높으며, 열렬한 커뮤니티와 고객층에 대해 그들만의 독특한 철학을 강조함으로써 주목을 끌 수 있다. 중요한 것은 주제와 제공 서비스 간의 관계를 아주 명확히 하는 것이다. 사업이 어떤 방식으로 융합되는지를 인지하고 이를 고객들에게 명확히 전달하고 있다면, 당신은 매우 잘 하고 있는 것이다.

뭉뚱그릴까 말까, 그것이 문제

사업을 시작하기 위해서 당신이 가진 하나하나의 관심사를 모두 통합해야 하는 건 아니다. 인생 전반에 걸쳐 다양성이 존재하기를 원하는, 당신의 목표를 기억하자. 그 다양성은 내부적(하나의 다면적 직업이나 사업)으로 성취할 수도 있고, 두 개 이상의 이질적인 사업이나 직업 혹은 취미를 서로 짝을 이뤄 외부적으로 성취할 수도 있다. 다음 장에서는 다양한 사업을 운영하는 다능인 사업가들을 만나볼 것이다. 당신은 자신의 열정분야들을 통합할 것인지 아니면 그대로 분리해둘 것인지를 결정해야 한다. 물론 두 방식 모두가 효과적일 수 있다. 그 선택은 정말로 개인적 선호의 문제일 뿐이다.

직장 밖의 관심사 탐구하기

그룹 허그 직업이 일반적인 직업보다 더 학제적이기는 하지만, 여전히 많은 다능인들이 여전히 직업 외적으로도 취미활동을 한다. 마고는 고등학교 학생들을 대상으로 개인 지도 봉사활동을 한다. 그녀는 열정적인 사진작가이기도 하다. 그녀는 나와 이야기를 나눌 때, 입체 책을 만들고 분석하는 데 심취해 있었다. 사라는 강습을 하지 않을 때, 정원을 가꾸고 요리를 하며 요가 연습을 한다.

당신의 모든 열정 분야를 아우르는 하나의 직업을 찾는 건 어려운 일이다. 하지만 보수를 받으면서 그 열정 분야들을 탐험할 수 있도록 해주는 일을 찾는 건 정말로 달콤한 일이 아닐 수 없다. 그러나 당신의 모든 열정을 전부 보수를 받는 일로 만들어야만 한다고 느껴서는 안 된다. 우리가 앞서 논의한 대로, 시간이 허락하는 한 순전히 재미를 위해 관심사나 활동에 참여하는 것에는 아무런 문제가 없다.

체크 포인트

그룹 허그 접근법은 당신의 돈과 의미, 다양성 욕구가 하나의 직업에서 충족될 수 있도록 해준다. 이 장에서 알아본 핵심들은 다음과 같다.

- 그룹 허그 접근법은 하나의 다면적 직업이나 사업을 수행하는 것이다. 당신은 일하면서 여러 가지 분야를 넘나들며 많은 역할을 수행할 수 있다.
- 그룹 허그 직업을 찾거나 만들어내기 위해 여러 가지 전략들을 사용할 수 있다. 당신은 근본적으로 융합적인 분야에서 일할 수 있고 한 분야 내 다면적 틈새를 찾아낼 수도 있으며, 진보적인 기관에서 주도적으로 일할 수도 있다. 또한 단일한 직업을 보다 다원적이게 만들거나 새로운 사업을 시작할 수도 있다.
- 도시계획과 인공지능 같은 학제적 분야는 많은 학문들과 시각에 대한 이해를 필요로 한다. 다능인들은 이와 같은 분야에 끌리며 그 안에서 성공하는 경향이 있다.
- 단일 분야 내에도 종종 다능인들을 끌어당기는 학제간 특수성이 존재한다.
- 일부 조직들은 다능인들로 구성되며, 조직을 위해 보다 적극적으로 박학다식한 사람들을 구한다. 구인광고에 사용된 언어에 주목하고, '창의적', '다방면의', '적응력 있는'과 같은 단어들을 찾자.
- 때로 다능인들은 한 가지 능력을 강조하는 것을 통해 회사에 채용된다. 훌륭한 업무로 고용주들을 매혹시킨 후, 추가적인 책임을 맡을 수 있도록 그들을 확신시킨다. 이런 다능인들은 그들의 프로젝트가 회사에 가져올 가치를 강조함으로써 일을 성사시킨다.
- 사업은 다능인들에게 적합하다. 사업을 하는 데에는 상품 개발부터 판매, 마케팅, 디자인에 이르기까지 많은 측면들이 존재하기

때문이다.

- 하지만 사업을 운영하는 것이 항상 다능인들에게 충분한 다양성을 제공하는 건 아니다. 상당히 틈새시장을 노리는 사업일 경우 특히 더 그렇다. 르네상스 사업들이 생겨나는 이유다. 즉, 하나의 사업 안에 다양한 주제들이 통합되도록 하는 것이다.

그룹 허그 접근법 연습하기
→ 239 페이지로 이동

서로 다른 관심사를
자유롭게 오가고 싶다면

모건 시엄Morgan Siem은 3부작 인생을 산다. 그녀는 일주일에 열 시간은 비영리단체에서 근무하며, 그곳에서 명상과 마음챙김 관련 도서를 재소자들에게 보내는 일을 한다. 모건은 일주일에 이틀은 프리랜스 마케팅 일을 하는데, 얼마 전 광고 회사를 사직한 후 하고 있는 일이다. 모건은 또한 에어리얼 실크 아티스트로서, 종종 공연을 하기도 한다.[17] 이 세 가지의 아주 다른 수입원은 서로 결합하여 모건을 비영리단체의 직원/프리랜스 마케터/아티스트로 만든다. 여기 이

---

17 이 개념이 낯설다면, 천장에 매달린 대형 실크 천을 타고 오르고 날아오르며 회전하는 사람의 모습을 상상해보자.

슬래시(/)들이 보이는가?

  '포트폴리오 커리어'라고도 알려진 이 슬래시 접근법은 당신이 정기적으로 옮겨 다닐 수 있는 두 개 이상의 파트타임 직업과 사업을 하는 것을 뜻한다. 당신의 열정들이 하나의 시도로 결합되는 그룹허그 직업 모델과 달리, 이 모델에서 열정들은 서로 분리되고 구별된 채 유지된다. 당신은 여행 가이드/요가 강사/프로그래머/섬유 예술가 또는 교사/변호사/안무가일 수 있다. 당신이 이 직업 모델을 사용하는 다능인이라면 일반적으로 둘에서 다섯 가지의 작업 프로젝트를 가지고 있을 가능성이 크다. 그리고 각각의 프로젝트는 전반적으로 균형을 이룰 수 있도록 서로 다른 정도의 수입과 의미를 제공한다. 당신은 다양성을 향한 욕구를 학제간 분야에서 일하면서(때때로 일어나는 경우이긴 하지만) 채우는 것이 아닌, 몇 가지의 이질적인 분야들을 순환하면서 충족한다.

자발적 슬래시 직업주의자

  우리는 제3장에서 다능인의 본성과 잘 일치하는 경력을 쌓는 과정에서 생존 욕구에 대한 충족이 확보되어야 한다는 사실의 중요성을 이야기했다. 물론 급변하는 경제 상황 속에서, 다능인과 비다능인을 막론하고 생계를 유지하기 위해 여러 파트타임 일자리를 대충 꿰맞추는 경우를 흔히 볼 수 있다. 그런 이들 중 대다수에게 이 과정은 더 나은 보수를 주는 직업을 파악해나가는 임시방편이다. 하지만 이는 슬래시 직업과 대단히 유사하게 보일 수 있다!

여기서 우리의 목표는 그저 당신에게 생계를 유지하게끔 하는 진로를 설계해주는 것이 아니다. 행복한 다능인 인생의 세 가지 요소를 다시 떠올려보자. 돈과 다양성. 그리고 의미였다. 슬래시 직업은, 정확히 말하자면 '고의성'이 있어야 한다. 물론 어떤 직업 선택에도 항상 경제적 필요의 요소가 내재되어 있을 테지만, 행복한 슬래시 직업주의자들은 생계를 위해 이런 구조 속에 강제로 빠져들지 않는다. 작가이자 사업가인 페넬로프 트렁크Penelope Trunk 는 다음과 같이 설명한다.

포트폴리오 직업은 그저 그런 세 개의 직업을 유지하면서 자기 자신이 할 수 있는 일을 발견하기를 바라는 상황이 아니다. 정확히 말해 이는 당신이 목적을 가지고 긍정적으로 추구하는 하나의 책략이다. 경제적인 목표와 개인적인 목표를 동시에 성취하는 하나의 방법으로써 말이다.

많은 경우, 우리는 정신적이거나 감정적인 상황을 통해 슬래시 접근법에 도달하게 된다(단지 경제적 이유가 아니라 말이다). 모건은 풀타임 직장에서 거의 에너지를 다 소진한 후 슬래시 직업 모델을 받아들이기로 결심했다. 그녀는 과거의 직업을 즐겼지만 긴 업무시간은 건강에 영향을 미치기 시작했다. 풀타임 직장을 그만두고 몇 곳의 파트타임 직장을 선택한 것은 스트레스를 줄여주었을 뿐 아니라, 그녀에게 목적 의식과 자유 그리고 그동안 갈망해오던 다양성을 선사했다.

직장에 다니며 사업하기

당신은 역동적인 슬래시 접근법을 탐구하는 과정에서 다양한 파트타임 일자리를 오가는 다능인들과 몇 개의 다른 사업체를 소유한 다능인들, 그리고 하나 이상의 매개체를 통해 작업하는 아티스트를 비롯해 그 모든 것을 결합하는 다양한 인물들을 만나볼 것이다. 당신은 많은 슬래시주의자들이[18] 어떤 직장에 고용되는 동시에 자신만의 사업을 운영한다는 사실을 발견하게 될 것이다. 즉, 그들은 자신의 수입구조와 직업 활동을 뒤섞는 경향이 있다. 단순히 말하자면, 나는 슬래시란 단어를 모든 종류의 수입원을 일컫는 데 사용해왔다. 이는 직업이 될 수도 있고 사업이나 프리랜서 일, 또는 그 어떤 프로젝트도 될 수 있다.[19]

---

18 겁먹지 말자!

19 여기서 나는 이런 방식으로 슬래시란 단어를 사용하는 것에 대한 의미적 부정확성을 인정한다. 나는 슬래시가 단어 그 자체가 아니라 두 개의 단어 사이에 존재하는 기호라는 사실을 알고 있다. 하지만 슬래시 직업을 구성하는 수입원들을 슬래시라고 일컫는 것은 상황을 아주 쉽게 만든다. 어쨌거나 마르시 알보허(Marci Alboher)는 그의 훌륭한 저서 『한 사람/다수의 직업(One Person / Multiple Careers)』에서 이 방식을 처음으로 사용했다.

슬래시 접근법, 축복 혹은 저주

서로 다른 주제들을 자주 번갈아 할 때 가장 능률이 좋은가? 전문적이거나 틈새 주제에 관해 대단히 열정적이지만 그것을 온종일 해야 한다는 생각 자체만으로 갑갑하게 느껴지는가? 단일 주제[20]를 수행하는 데 당신의 열정이나 기술을 결합하는 프로젝트는 적성에 맞지 않는가? 위 질문 중 어느 것 하나에라도 당신의 대답이 '그렇다'거나 '완전히 그렇다' 혹은 '맙소사 정말 그래'라면, 당신의 미래에는 슬래시 직업이 있어야 할 것이다. 이 직업 모델은 축복이 될 수도 있고 저주가 될 수도 있는 엄청난 유연성을 선사한다. 이는 자기 주도적이며 독립적이고 사업가적인 기질을 가진 사람들에게 훌륭한 선택지가 될 것이다.

제1장에서 살펴본 동시 – 순차 스펙트럼을 기억하는가? 우리 중 일부는 한 번에 수만 가지의 일을 하는 체질이며, 다른 일부는 한 번에 소수의 일에 집중하는 것을 좋아한다는 사실을 배웠다. 슬래시 직업주의자들은 일상생활에서 여러 가지의 수입원들의 균형을 잡고 그것들을 최대한 효율적으로 조직한다. 그러므로 당신이 스스로 동시 – 순차 스펙트럼의 동시쪽 끝에 가깝다고 생각한다면 슬래시 접근법이 아주 잘 맞을 것이다. 하지만 당신이 완고한 순차적 다능인이라면, 이 방식은 그저 당신을 압박할 것이다.

---

20 제4장에서 살펴보았던 그룹 허그 직업이나 르네상스 비즈니스 등을 뜻한다.

꿈 같은 파트타임 직업

서로 다른 직장이나 프로젝트에서 일주일에 몇 시간 일하는 것은 즐겁고 융통성 있게 다양함으로 가득 찬 일주일을 선사한다. 당신이 전형적인 직장 생활을 경험해봤다면, 이는 그런 세계에서는 경험할 수 없는 일이라는 걸 알 것이다. 몇몇 다능인들은 꼭 정규 근무를 해야 하는 건 아니라고 느낀다. 옳은 말이다! 모건 시엠에게 세 개의 파트타임 직장을 가지기로 한 선택에 대해 질문했을 때, 그녀는 슬래시 직업주의자들 사이에서 일반적인 감정을 표현했다. 즉, 자신의 수입원인 슬래시들을 각각 아주 즐기지만, 어느 것에도 풀타임으로 묶이고 싶지는 않다는 것이다. 그녀의 말을 들어보면,

나는 내 모든 직업들이 파트타임이라는 점을 사랑하죠. 어느 것 하나 포기하고 싶지 않거든요. 예를 들어 재단에서의 일은 저에게 너무나 중요해요. 그리고 일주일에 열 시간은 아주 딱 좋은 정도죠.

파트타임 직업은 풀타임 고용에 비해 때로 열등하게 생각되지만, 슬래시 직업주의자들에게는 '파트타임+파트타임+파트타임±파트타임=꿈'이다.

각 슬래시는 당신의 여러 자아들을 이행한다

우리는 모두 다면적인 사람들인 동시에 전문가이기도 하다. 당신이 슬래시 직업 모델을 따르기로 결정했다면, 각 슬래시는 당신이

여러 가지의 기술을 사용해서 당신의 여러 정체성을 활용하게 해준다. 에이미 응Amy Ng은 한 홍보회사에서 일주일에 이틀 근무하는 크리에이티브 디렉터다. 그녀는 일주일에 한 번은 지역 대학에서 창의력과 기업가 정신에 대해 가르친다. 그녀의 세 번째 슬래시는 온라인 커뮤니티인 피카랜드Pikaland를 운영하는 것이다. 그곳에서 그녀는 블로그를 하고 워크숍을 이끌며 화가와 일러스트레이터를 타깃으로 한 잡지를 만든다.[21] 홍보회사에서의 에이미의 일은 그녀에게 급변하는 상황에서 팀과 협업할 기회를 준다. 그녀는 대학 강사 생활도 좋아하는데, 가르치는 일은 그녀가 컴퓨터 스크린 앞에 앉아서는 성취할 수 없는 육체적이고 사회적인 경험 뿐 아니라 보람을 느끼게 해주기 때문이다. 그리고 피카랜드는 에이미의 창의력과 개인적 감정을 분출할 수 있는 놀라운 공간이다. 이를 통해 그녀는 세계적인 범위에서 사람들에게 영감을 불어넣을 수 있으며, 자신의 사업가적 수완과 예술적 기술을 활용할 수 있다. 슬래시 직업에서의 각 슬래시들은 제각기 다른 종류의 경험을 선사하고, 독특한 기술을 필요로 하며 다른 방식으로 당신을 도전하게 한다.

짜증나는 지루함

다능인들은 대개 자연스럽게 학제간 분야에 끌린다. 하지만 때때

---

21 당신은 이 상황을 처음 보았을 때, 에이미의 홍보회사 직장이 그녀의 다른 프로젝트들에 대한 자금을 제공해주리라 생각할 것이다. 하지만 그건 사실이 아니다. 실제로 인터뷰에서 그녀는 자신이 피카랜드에서의 수입으로 안락하게 생활할 수 있다고 말했다.

로 우리는 로미오와 줄리엣 같은 상당히 불안정한 상황에서 전문 분야와 사랑에 빠진다. 그러면서 우리는 이 상황이 새로운 분야에 대한 전문성을 개발할 수 있는 기회이기를 희망한다. 또한 틈새시장으로 들어설 경제적 잠재력을 보기도 한다. 하지만 전적으로 아주 제한된 무언가에만 집중할 경우, 자기 자신을 위험한 상태로 몰고 가는 것이라는 사실을 알 정도로 자각이 있기를 바란다. 우리는 에너지가 소진되거나, 더 좋지 않은 경우로는 지루해질 수 있다.

이 문제에 맞서기 위해 시어도어 조던Theodore Jordan은 자신의 직업을 몇 가지의 전문화된 서비스 관련으로 설계했다. 그의 파트타임 프로젝트들은 이보다 더 '틈새적'일 수 없을 정도다. 여기 그의 슬래시들을 보자.

- 사운드 및 사운드웨어 디자이너 : 시어도어는 뮤직 시퀀서music sequencers(연주 데이터 재생을 통한 자동 연주를 목적으로 하는 장비나 소프트웨어를 뜻한다 - 옮긴이)에서 샘플로 사용되는 사운드를 만든다. 또한 초자연적인 현상 및 심령 연구 관련 텔레비전 쇼를 위한 사운드트랙을 만들기도 한다. 나는 그가 자신의 일에 대해 설명하는 것을 들으면서 그가 지나치게 재미에만 빠져 있는 광적인 과학자 같다고 생각했다. "저는 최근에 마이크를 물웅덩이에 넣고 얼린 후에, 사람들이 그 위에서 스케이트를 타는 소리를 녹음했어요"라는 그의 말을 듣고 말이다! 그렇다, 우리 역시 이런 방식으로 돈을 벌 수 있다.

- 작가·1인 출판사 : 그는 이전 슬래시에서의 전문지식을 사용해서 인디 사운드웨어 음반사 운영에 관한 도서를 저술했다. 그는 해당 도서를 개정하고 있으며 곧 두 번째 판이 출간될 예정이다.
- 보험 웹 사이트 디자이너 : 그는 보험회사 웹 사이트를 디자인하는 데 일가견이 있다. 인터뷰 당시 그는 세 개의 웹 사이트를 작업 중이었으며, 흥미로운 웹 사이트를 개발하는 데 자신의 창의력을 활용하기를 즐겼다.
- 온라인 쇼핑카트 블로거 : 진짜 있는 직업이다! 시어도어는 자기 자신을 '쇼핑카트 괴짜'라고 표현하며, 전자상거래 블로그는 수입원일 뿐 아니라 그의 열정을 분출할 출구도 제공한다.
- 명상 프로그램 개발자 : 사람들이 휴대폰과 컴퓨터를 통해 사용하는 명상 프로그램을 설계하고 녹음하는 과정에서 그는 음악 설계와 명상에 대한 자신의 흥미들을 결합할 방법을 찾아냈다.

이 정도면, 아주 많은 슬래시다![22] 하지만 그가 여섯 개의 슬래시를 가졌고 그 각각이 모두 꽤 전문화된 영역이라는 점은 우연이 아니다. 우리의 슬래시들이 더 특화될수록, 우리의 다양성을 향한 욕구는 더 많이 충족된다. 우리가 하나의 융합적 분야에만 관심이 있다

---

22 여기서 주목할 만한 것은 시어도어가 한 가정의 남편이자 두 아이들의 아버지라는 점이다. 내가 그에게 생산성 전략에 대해 질문했을 때, 그는 가족들이 깨기 전 방해받지 않을 4시간을 확보하기 위해 매일 새벽 5시에 일어나려고 노력한다고 말했다. 내가 다능인들이 게으름뱅이와는 거리가 멀다고 말했던 사실을 기억하는가?

면, 단일 직업이나 사업이 우리의 다양성 욕구를 만족시킬 것이다. 하지만 다능인들은 특화된 시장에서도 일할 수 있고 성공할 수 있다. 그렇다면 우리는 장기적으로 최고의 업무를 수행하기 위해 다양한 특화 시장에 참여할 필요가 있다.

자유와 유연성

예전에 로스앤젤레스에 사는 한 친구에게 슬래시 직업에 관해 이야기한 적이 있는데, 그녀는 이에 대해 알은척을 했다. "아, 그건 여기 사람들 모두가 생계를 유지하는 방식이잖아." 물론 친구는 상황을 지나치게 일반화한 것이다. LA에 살면서 정규직에 종사하는 수많은 사람들이 있기 때문이다. 하지만 그녀의 말은 두 가지 중요한 면을 건드린다. (1)슬래시 방식은 그녀와 같은 예술가들에게는 생계를 유지하는 일반적인 방식이다. 그리고 (2)LA에는 예술가를 열망하는 많은 사람들이 살고 있다. 파트타임 일자리의 유연성은 마지막 공연을 하고, 오디션에 참여하며 창의적인 프로젝트에 참여할 수 있게 해준다. 슬래시 접근법을 사용하는 모두가 예술가인 건 아니며, 모든 예술가들이 슬래시 접근법을 사용하는 것도 아니다. 하지만 그 사이에는 아주 흥미로운 공통점이 있다.

예술가들이 슬래시 직업 모델에 끌리는 또 다른 이유는 예술계는 다른 업계보다 경력을 쌓는 시간이 더 오래 걸리기 때문이다. 슬래시 방식은 예술적 경향의 다능인들이 예술성을 개발하는 동안 금전적으로 더 쉬운 다른 분야에 기댈 수 있게 해준다.

당신이 독립적인 사람이라면

성공적인 슬래시 커리어를 유지하기 위해 우리는 반드시 스스로 동기부여되어야 하며 독립적이어야 한다. 우리는 자기 자신의 스케줄을 관리할 필요가 있다. 또한 사회적으로 평범한 길을 벗어나는 것은 기꺼이 감수해야 하지만 우리가 정해놓은 기준과 스케줄은 지켜야만 한다. 당신이 독립적인 일을 하고 시간을 관리하는 일이 편한 사람이라면, 슬래시 방식은 당신에게 좋을 수 있다. 반면, 당신이 어떤 일을, 언제 해야 하는지 지시 받아야 잘 할 수 있는 사람이라면 아마도 다른 직업 모델이 더 좋을 것이다. 슬래시 직업주의자들은 전통적인 고용방식을 거부하고 심지어 권위를 싫어하는 것이 일반적이다.

슬래시 직업으로 뛰어들기

여기, 다능인들을 슬래시 직업으로 이끄는 세 가지 길이 있다.

1. 풀타임 직장에서 벗어나다

일부 다능인들은 직장에서 일하면서 스스로 업무와 시간을 더 많이 통제하기를 원한다는 사실을 깨닫고는 슬래시 직업으로 이직한다. 우리의 첫 슬래시는 대개 예전에 몸담았던 풀타임 직업의 프리랜서 버전인 경우가 많다. 우리는 우리의 지갑과 영혼이 괜찮아질 때까지 계속해서 슬래시들을 추가한다. 모건은 광고업계를 떠나 소수의 고객들을 상대로 프리랜스 마케터 일을 하면서 변화를 만들었다. 그녀는 이전 직장에서 만든 관계들을 통해 소수의 첫 고객들을 발굴했으며, 그 위치에서부터 성장해나갔다.

2. 파트타임 기회를 제안받다

누군가가 우리의 소질을 알아보고 그 특정 기술에 대해 사례하겠다고 제안했을 때, 이는 우리가 어쩌면 늘 바래왔을 놀라운 슬래시 직업을 시작하게 만들 수 있다. 베델 나단Bethel Nathan이 결혼식 주례로 상을 받게 된 시작도 그랬다. 그녀의 오빠는 그녀가 대중연설 경험이 있다는 사실을 알고 자신의 결혼식 주례를 봐줄 수 있는지를 물었다. 얼마 지나지 않아, 두 명의 친한 친구들 역시 그녀에게 결혼식 주례를 부탁했다. 그녀는 그 일을 사랑했고 하객들로부터 아주 멋진 찬사를 받았다. 신중하게 생각하고 조사한 후, 베델은 커플들을 전문적으로 맺어주기 시작했다. 몇 년 후, 그녀는 두 개의 사업을 추가적으로 시작했다. 그녀의 슬래시 직업을 완성하는 컨설팅 사무실과 마이크로출판(종이가 아닌 마이크로필름으로 출판하는 것 – 옮긴이) 회사가 그것이다.

3. 일단 뛰어든 후 개선해나가다

몇몇 사람들은 무작위의 일자리들을 뒤죽박죽 해나가다가 다음을 기준으로 하여 직업 포트폴리오를 정제하면서 슬래시 직업을 시작한다.

- 자신이 즐기는 슬래시는 무엇인가
- 가장 수익성 좋은 슬래시는 무엇인가
- 자신에게 어떤 기회를 제공하는가

앤디 모트Andy Mort의 친구는 그들이 신생아를 돌보는 일에 압도되었다고 생각했고, 이에 앤디는 슬래시 직업으로 빠져들기 시작했다.

나의 슬래시 직업은 내 친구들이 아이를 가지면서 아주 우연히 시작되었다. 종일 첫 육아를 해야 하는 시기에 친구들 중 하나는 의사였고, 다른 하나는 교회 목사가 되려고 공부 중이었다. 그들은 고군분투했다. 요리할 시간도, 청소하고 빨래를 할 시간도 없었다. 어느 날은 내가 그 친구들을 위해 식사 배달을 해주면 어떨지 농담을 했다. 내가 미처 깨닫기 전에, 나는 일주일에 여덟 시간 동안 다양한 가사 활동을 하는 일을 제안하는 한 통의 이메일을 받았다. 이는 내가 이전에 생각조차 해보지 않은 일이었지만, 완벽한 일처럼 보였다. 나는 일하기를 원했지만 전통적인 고용형태를 원하지 않았고, 그들은 도움이 필요했다. 양측 모두에게 완벽한 일이었다.

오래지 않아 소문이 퍼졌고, 나는 일주일에 여섯 집을 청소하며 정원 가꾸기, 가구 조립을 했으며 사람들이 도움을 필요로 하는 어떤 힘든 일들을 해주었다. 참 기묘한 몇 달간이었다. 어떤 정해진 날이라고 해도 이리저리 계속 바꿀 수 있을 만큼의 충분한 유연성을 가진 일련의 일자리들을 통해 먹고 살 수 있을 정도보다 더 많은 돈을 벌기 시작했기 때문이었다.

이 일은 엄청나게 자유롭다. 비록 영원히 하고 싶은 일은 아니더라도 그 안에는 진실성이 있다. 바로 수요가 있어서 일하고 있으며, 다양한 '고객들'에게 지지받고 있고, 음악으로 돈을 벌어야 한다는 걱정 없이 음악을 할 수 있는 시간과 유연성이 있다는 사실에서 말이다.

앤디가 슬래시 직업을 시작한 지는 4년이 되었으며, 그 시간 동안 그는 자신의 포트폴리오를 네 개의 슬래시로 압축했다(그중 하나는 음악 경력이다. 그는 최근 다섯 번째 앨범을 녹음 중이다). 앤디는 더 이상 수많은 잡다한 일을 하지 않지만, 그 시간 동안 얻은 경험과 자기 이해는 오늘날의 그가 있게 만들었다. 그가 의도치 않게 이 방식에 빠져들기는 했지만, 슬래시 접근법은 앤디에게 자연스러운 현상이었다. 그는 계급 구조에서 일하는 것을 싫어하며 자유와 유연성에 가치를 두고 새로운 경험에 열려 있는 사람이다. 앤디의 사례는 또한 예술가로서 피어오를 수 있게 지지해주는 슬래시 접근법의 힘을 설명해준다.

각기 다른 의미(그리고 돈)

우리는 이전 장에서 어떻게 다능인들이 때때로 단일하지만 폭넓은 사업(르네상스 사업이라고 불리는)을 운영하면서 다양성을 발견하는지에 대해 이야기를 나눴다. 다양성을 향한 욕구를 만족시키는 또 다른 방법은 특화된 서비스를 제공하는 제한적인 사업을 몇 가지 운영하는 것이다. 샤나 만Shanna Mann은 다음의 세 가지 별개의 사업을 운영하고 있다.

1. 서적 판매 : 지역 도서 판매점에서 책을 찾아내어 온라인에서 판매하기
2. 코칭 : 소규모 사업체에게 조직화와 행정에 대한 도움주기
3. 콘텐츠 선정 : 기술 웹 사이트를 위한 리서치 엔진 최적화에 관한 기사 만들기

우리가 만나본 다른 다능인들과 같이, 샤나의 슬래시들은 각각 다른 정도의 의미와 돈을 제공한다. 그녀의 서적 판매 사업은 그녀의 수입 중 대부분을 차지하며 그녀의 보물찾기 사랑에도 부합한다. 콘텐츠 선정 사업은 현 시점에서 상당히 체계화를 이루었으며, 외부에서 원고를 청탁받는 것은 손쉬운 수입원이 된다. 코칭 사업은 가장 안정적이지 않은 수입원인데, 어떤 달에는 많은 고객이 몰리고 그다음 달에는 아주 적은 고객만 있는 식이다. 하지만 그녀는 사업가

들과 개인적으로 일하면서 그들이 사업에서 체계와 지속 가능성을 잡아가도록 조언해주는 일을 아주 좋아한다. 일이 의미 있으므로 불규칙한 수입은 문제가 되지 않는다. 그녀의 다른 두 사업들이 아주 믿을 수 있기 때문이다.

체크 포인트

슬래시 접근법은 우리의 여러 관심 요소들을 자주, 또한 유동적으로 표현할 수 있게 해준다. 한 번에 여러 가지 프로젝트들을 조율하는 것을 사랑하는 다능인들에게는 특히 좋은 선택이다. 이 장의 주요 시사점들은 다음과 같다.

- 슬래시 접근법은 정기적으로 바꿔가며 할 수 있는 두 개 이상의 파트타임 직업이나 사업을 하는 것을 뜻한다.
- 파트타임은 꿈 같은 일자리다. 당신은 각 슬래시들을 사랑하지만 어떤 한 개에만 풀타임으로 전념하고 싶어하지는 않을 것이다.
- 각 슬래시마다 당신의 인생에 특별함을 더하고, 다른 방식으로 당신을 도전하게 만들 수 있다.
- 슬래시 방식은 당신이 전문 분야에서 일하고 지치거나 지루해지는 일 없이 틈새시장에 다가갈 수 있게 해준다.

- 슬래시 직업 모델은 풀타임 직장과 달리 유연한 스케줄을 선사한다. 이는 많은 예술가들에게 적합하다.
- 슬래시 직업주의자들은 일반적으로 자기 주도적이고 독립적이며 사업가적인 기질을 가지고 있다.
- 다능인들은 대개 다음과 같은 방식으로 슬래시 직업세계에 입문한다. (1)같은 직종의 정규 고용 형태에서 파트타임 형태로 전환하는 것, (2)제1 슬래시가 될 파트타임 기회를 수락하는 것, 그리고 (3)많은 슬래시에 뛰어든 후 나중에 정제해 나가는 것이다.

슬래시 접근법 연습하기
→ 244 페이지로 이동

6

안정성에 가치를 두는 당신이라면

1900년대 초반, 거의 10년 가까이 알베르트 아인슈타인Albert Einstein 은 스위스 정부의 특허국에서 관리자로 일했다. 그는 본업이 있었음 에도 불구하고 같은 기간 동안 특수상대성이론을 포함해 자신의 가 장 놀라운 작업들을 해냈다. 아인슈타인은 직장에 속해 있으면서 이 론을 개발할 시간을 어떻게 찾을 수 있었을까? 물론 우리 모두는 아 인슈타인이 천재라는 사실을 알고 있지만, '개인적 프로젝트'를 추 구하는 그의 능력은 정교한 그의 정신과는 거의 관계가 없으며 그가 선택한 직업 모델과 전적으로 연관된다. 특허국 관리자라는 아인슈 타인의 위치는 그에게 미래와 재정적 안정성을 보장해주었다. 또한 아주 느린 일처리 속도로 유명한 특허국 관리자 위치는 그가 하루의 끝에 이론 연구를 할 수 있는 충분한 시간과 에너지를 남겨주었다. 이런 장점 덕분에 그는 매일 나타나는 새로운 발명들을 배울 수 있었다. 아인슈타인은 '충분히 좋은 직업'을 가지고 있었는데, 이 용어는 내가 바버라 셔의 저서『선택에 대한 거부』에서 차용한 것이다.[23]

아인슈타인 접근법은 완전히 당신을 뒷받침해주되 한편으로는 당신이 다른 열정들을 추구할 수 있도록 충분한 시간과 에너지를 남겨주는 정규고용 형태의 직업이나 사업을 하는 것이다. 즉, 아인슈타인 직업 모델은 관심사 모두를 수입원으로 만들 필요 없이 당신이 모든 것이 될 수 있도록 해준다. 이는 일반적으로 큰 보상이 따르지 않는 분야를 안락하게 추구하고 싶은 사람들에게 적절한 선택이다.

답답한 것, 아니면 자유로운 것?

아인슈타인 접근법은 모두를 위한 방법은 아니다. 우리 중 일부는 우리의 다재다능함을 저녁과 주말에만 한정해야 한다는 생각을 받아들이기 힘들 수 있다. 우리는 우리의 모든 자아를 쏟아 부을 수 없

---

23 아인슈타인이 진정한 박식가였는지, 아니면 그저 한 명의 천재에 불과했는지에 대해서는 약간의 논쟁이 있다(그저 한 명의 천재라는 구절을 쓰고 나니 사실 웃음이 나온다). 아인슈타인이 이렇게 말한 적이 있다. "나는 특별한 재능을 지니지 않았다. 단지 열정적 호기심을 지녔을 뿐이다." 그는 과학 뿐 아니라 음악과 바이올린을 연주하는 것을 사랑했다. 아인슈타인의 천재성 혹은 다능인 논쟁에 상관없이, 그가 인생을 살아온 방식은 직업이 우리의 다양한 열정을 뒷받침해줄 수 있도록 구조화되는 방법을 우리에게 가르쳐줄 수 있다.

는 일을 하며 주당 40시간을 일하느니 굶는 편을 선택할 수도 있다. 하지만 많은 이들에게 아인슈타인 접근법은 상당한 자유를 선사하는 일이다. 모든 관심사에서 수입을 내야 한다는 압박감이 없으니, 걱정 없이 자유롭게 우리의 자아를 탐구할 수 있다. 우리는 분야를 넘나들고 프로젝트를 바꿀 수 있으며 기분대로 할 수 있다. 또한 재정적인 영향을 묻지도 따지지도 않고, 원하는 대로 일을 더하거나 취소할 수 있다.

당신이 안정성과 유연성의 가치를 각각 얼마큼 두느냐에 따라 아인슈타인 접근법에 대한 호감도는 달라진다. 우리가 제5장에서 만나본 대부분의 슬래시 직업주의자는 높은 정도의 유연성과 독립성을 간절히 원했다. 그래서 많은 이들이 그들에게 적당하지 않은 전통적인 직업 세계를 떠났다. 반면, 행복한 아인슈타인들은 안정성에 가치를 둔다. 그들은 구조와 규칙성 그리고 직장에서 발견되는 동료애를 좋아하는 경향이 있다. 전체적으로 사회에 인정받는 것이 주요 동기는 아닐지라도, 아인슈타인 모델은 이해하기 쉬운 직업명과 세상에 일반적으로 납득되는 추가적인 이점이 있다. 아인슈타인 접근법을 택한 다능인들은 모임에서 자기 자신을 소개할 때 혼란을 겪지 않는다. 그들이 대다수의 사람들과 차별되는 점은 청구서를 지불하는 방법이 아니다. 그건 그들 삶에 펼쳐진 다채로운 취미와 열정에 있다.

IT 매니저인 찰리 하퍼Charlie Harper는 일주일에 5일은 오전 8시 30분부터 오후 5시 30분까지 사무실에 있다. 저녁이 되어 직장을 나서면,

그는 가끔은 집에 들러 세 명의 자녀들과 저녁을 먹는다. 그는 매주 몇 번의 자유로운 저녁시간을 가지기 위해 이 저녁시간 의무를 번갈아 한다. 그리고 가끔은 뮤지컬 극장이나 아카펠라 연습장으로 곧장 향한다. 예술광인 것에 더해 찰리는 전문가급의 아마추어 목수이기도 하다. 그는 아버지와 함께 집을 지어본 적이 있으며 많은 가구들을 만들기도 했다. 인터뷰할 때쯤 그는 막 보트 한 대를 완성한 후였다.

IT는 그가 오랜 시간 동안 사랑해온 분야다. 그가 자신의 모든 관심사와 기술을 일에 통합시킬 수는 없어도, 직업을 통해 기술 분야 내에 다양한 업무를 수행할 수 있다. 그의 말에 의하면, "이건 딱 제 일이에요. 제 일은 사업의 모든 부분을 아우르는데, 우리 영업 활동에서 컴퓨터가 안 들어가는 곳이 없기 때문이죠." 또한 찰리는 직장을 배움의 기회로 활용하면서 자신의 다능인 기질의 슈퍼파워를 이용한다. "지금 당장 제 최대 관심사는 보안이에요. 제 책상에는 해킹 관련 기사와 서적들이 쌓여있죠."

찰리는 예술과 목공품 일을 하는 것을 사랑하지만, 그 분야 중 어떤 것도 전문적으로 선택하지 않았다. 지역 뮤지컬 극장과 노래 동아리 그리고 다양한 건축 프로젝트들은 그의 삶을 풍요롭게 하고 엄청난 만족감을 가져다준다. 그는 이런 활동들로 돈을 벌 욕심이 없다. 그렇게 한다면 그 활동들이 덜 재밌어질 수 있으니까. IT 일은 생계를 유지하게 해주는 반면 취미활동들은 찰리의 창의적인 면을 충족시켜 준다. 따라서 직업 외의 활동들로 돈을 벌어야 한다는 압박감이 없으며 인생에서 IT 일을 열정적으로 해야 한다는 압박감도 없다. 찰리는 직장에 14년간 근무하고 있다. 이 일이 그의 전부는 아니며 그의 다능인적인 기질을 발휘하는 꿈의 직업은 아니지만, 그는 이 일을 통해 가족을 부양할 수 있으며 또한 즐기고 있다. 업무시간이 끝나면 일은 끝난다. 그는 늦은 시간까지 사무실에 남아 있지 않아도 된다. 그는 느긋하게 쉬면서 다른 다능인적인 프로젝트들을 즐긴다. 그의 일은 아주 흥미롭지는 않아도 충분히 좋은 직업이다.

직업을 만족스럽게 만드는 것은 무엇일까?

아인슈타인 접근법을 추구하고자 한다면 당신은 고려하고 있는 직업이 만족스러울지 확실하게 생각해봐야 한다. 그렇지 않고 그 직업이 단순히 그저 견딜만하다거나 기본적인 필요도 충족해주지 않는다면, 당신은 행복하지 않을 것이기 때문이다.

이를 확인하기 위해서, 직업은 다음의 세 가지 기준을 만족해야만 한다.

1. 즐길 수 있어야 하며, 가급적이면 도전적이고 재미있어야 한다. 그리고 당신이 진짜 관심을 둔 분야여야 한다. 충분히 만족스러

운 직업은 다면적일 수 있으나, 반드시 그래야 할 필요는 없다(여기서 만족스러운 직업과 그룹 허그 직업이 겹쳐진다. 이에 대해 곧 자세히 살펴보겠다).

2. 당신의 재정 목표를 충족할 수 있는, 충분한 임금이어야 한다.[24]

3. 당신에게 충분한 자유시간과 에너지를 남겨주어야 한다. 직장 외에 다른 관심사들을 추구할 수 있도록 말이다. 직장에서 일주일에 80시간을 일한다거나 퇴근 시간 이후 완전히 지쳐버린 다면, 이는 좋은 직업이 아니다.

캐나다계 미국인이자 밀레니얼 세대의 한 사람으로서 말하건대, 이 대화는 바버라 셔가 만족스러운 직업을 공론화하기 시작한 이래로 얼마나 많은 변화가 있었는지를 짚고 넘어가야 한다. 고용 보장은 사라지고 있다. 근로자들은 적은 보수를 받고 더 많은 일을 하고 있는 상황이다. 우리 대다수는 한밤중에도 업무 관련 이메일을 강요받는다. 그리고 많은 젊은이들이 맞닥뜨린 엄청난 부담의 학자금도 잊지 않도록 하자. 이런 문제들에도 불구하고, 나는 만족스러운 직업이 여전히 존재한다고 믿는다. 다만 구하기 어려울 뿐이다.

---

24 당신이 제3장에서 정의한 목표

직업과 관심사의 관계

아인슈타인 직업주의자들은 어떻게 사무실에서 하루 종일 일한 후에 뮤지컬 연습 등에 참여할 수 있는 에너지를 얻을 수 있을까? 찰리의 취미들이 실제 직업과 전혀 다르다는 것은 우연의 일치가 아니다. 찰리가 IT 업무를 통해 그의 분석적이며 문제풀기 능력을 활용할 수 있는 반면, 그의 취미활동들은 보다 직관적이고 예술적이며 몸을 쓰는 일에 가깝다. 그는 직장에서 취미활동으로 옮겨갈 때, 논리성에서 직관성으로 전환하면서 새로운 에너지를 얻는다. 그의 주업이 육체적으로 부담스러운 일이라면, 그는 아마도 저녁 시간을 나눠 쓰기보다는 프로그래밍을 배우면서 보낼 것이다. 현재 상태 그대로 찰리는 근무시간 후에 프로그래밍 기술을 개발하는 데 흥미가 없다. 그렇게 되면 하루 종일 일을 하는 것과 비슷할 것이기 때문이다. 장래의 만족스러운 직업을 고려할 때, 그것이 당신의 다른 관심사들과 얼마나 비슷한지를 생각해보도록 하자. 다른 관심사들과 비슷한 기술과 사고력을 활용하는 직업인가? 만약 그렇다면, 그런 많은 유사성이 본업에서 개인적인 프로젝트로 전환할 때 집중력을 유지하기 어렵게 하지 않을까?

덜한 것이 더 좋은 순간

많은 아인슈타인 직업주의자들이 몇 가지의 다른 역할을 할 수 있는 직업을 가진다. 그렇다면 만족스러운 직업이란 단순히 그룹 허그 직업의 하위버전일까? 더 많은 다양성이 항상 더 좋은 것이 아닐까? 꼭 그렇지는 않다. 당신이 덜 다면적인 본업을 선호할 만한 몇 가지 이유가 있다.

에이프릴 봄펠April Vomfell은 도서관 사서 일을 그만뒀다. 일이 너무 고되다고 느꼈기 때문이다. 일이 즐겁기는 했지만, 그녀의 시간과 에너지를 모두 써버리는 것처럼 보였다. 그래서 온라인 에디터 자리로 옮겨 일하기 시작했는데, 이는 그녀의 표현에 따르면 '더 제한적이고 더 지루한' 일이었다. 하지만 에이프릴에게 (그리고 시간적인 면에서) 이는 완벽했다.

판에 박힌 따분한 이 일의 장점은 그녀가 일에서 벗어날 수 있게 해주는 능력이었다.

> 퇴근 후에도 계속되는 스트레스 없이, 나는 남편과 함께 업무 외의 프로젝트를 하면서 자유 시간을 보내고 있다. 우리는 꽃을 기르고 팔면서 작은 농장을 하고 있는데, 나는 이 일을 사랑한다. 변화를 선택한 나는 내 본업 덕분에 요즘 훨씬 더 행복하다.

내가 조심스럽게 말하자면, 도서관 사서였던 에이프릴의 이전 직업은 만족스러운 직업이 아니었다. 적어도 그녀에게는 말이다.[25] 그 일은 그녀에게 업무 외적으로 열정 어린 프로젝트를 추구할 만한 시간과 에너지를 주지 않았다. 직업 자체가 너무 힘들었기 때문이다. 에이프릴은 일에 자기 자신을 너무 쏟아부었다. 자신의 아주 많은 기술과 관심사들을 활용하면서 말이다. 그 결과 그녀는 하루가 끝날 때쯤이면 능력 초과가 되어버렸다. 그룹 허그 접근법과 아인슈타인 접근법 중 선택하는 것은 진정으로 당신의 다양성을 직장에서 구축할지 아니면 당신의 시간과 조건에 맞춰 구축할지에 대한 선택이다.

다른 열정을 위한 본업

아인슈타인 접근법의 자영업 버전은 하나의 제한적이고 수익성 좋은 사업을 운영하는 것이다. 충분한 수입을 벌어다주고 당신이 다른 열정을 추구할 수 있도록 여분의 시간을 남겨주는 사업 말이다. 이는 수요가 많은 전문 기술을 소유하고 있는 다능인들에게 아주 잘 어울리는 접근법이다. 프로그래밍이나 웹개발 혹은 그래픽 디자인 같은 기술적인 능력은 더 탄탄한 만족스러운 사업을 가능하

---

25 나는 에이프릴과 정확히 다른 이유로 도서관학 관련 직업들을 열망하는 많은 다능인들과 이야기를 나눠왔다. 그들은 많은 것을 할 수 있고 많은 역할을 맡을 수 있다는 이유로 그 일을 선호했다.

게 해주고는 한다. 컨설팅도 꽤 수익성 좋은 제한적인 서비스 중 하나다.

리 매튜스Leigh Matthews는 프리랜스 과학 작가로 일한다. 그녀는 일주일에 30시간을 복잡한 의학저널 기사들을 짧고 간결한 요약본으로 바꾸면서 보낸다. 찰리의 직업과 마찬가지로 리의 본업도 지나친 에너지 소비 없이(개념상으로나 시간적으로) 다면적이다. 그녀는 몇 가지 의학 주제에 관해 글을 쓰고 종종 자신의 비의료적 관심사들을 본업에 결부시킨다. 예를 들어 그녀는 몇 년 전 성전환 수술을 시행하는 외과의사와 함께 일했다. 그 당시 의사는 이 수술에 관해 잘 알고 있으면서도 공감하는 편에서 글을 써줄 의학 작가를 찾는 데 어려움을 겪고 있었다. 리는 LGBTQ 행동주의와 사회정의에 대한 배경이 있는 노련한 과학 작가다. 다시 말해 그녀는 성전환 수술을 받는 사람들을 위한 브로슈어를 제작하려는 의사를 도울 수 있는 완벽한 사람이었다. 리는 본업에 정기적으로 이런 자신의 관심사들을 더할 수 있는 방법을 찾았다. 그녀는 성별언어를 바꿔서 기사를 보다 폭넓게 만드는 일을 사랑했다. 가령 '임신한 여성들'이란 언어를 '임신한 사람들'이라고 바꾸고는 했는데, 그녀는 종종 자신이 글에서 사회학적 의미의 성 '젠더gender'와 생물학적 의미의 성 '섹스sex'의 차이를 명확하게 하고 있음을 깨달았다.

리는 길디긴 기사를 단 몇백 자로 바꾸는 이러한 도전을 즐긴다. 그녀는 언어를 여러모로 활용하면서 '퍼즐을 푸는' 것을 사랑한다. 하지만 이 사업의 재미와 다소 학제적인 본질에도 불구하고 그녀가 일에서 발휘하지 못하는 관심 영역이 있다. 그녀의 유급 노동은 매우 특별한 방식의 의사소통에 관한 것이다. 그리고 무급 노동은 보다 예술적이고 협력적인 일인데, 그녀는 현재 소설을 쓰고 있다. 자신의 저서 중 하나를 오페라로 바꾸기 위해 작곡가와 협력하고, 맥주에 인간관계를 비유하는 시에 관한 소책자를 만들면서 말이다.[26]

기술의 상대적 가치

아인슈타인 접근법의 핵심은 재정 안정성이다. 이 방식은 당신에게 걱정 없이 다른 열정들을 탐험할 수 있는 힘을 부여해준다. 아인슈타인 접근법을 사용하는 것은 당신을 지지해줄만한 충분한 돈을 벌어다주는 직업이나 사업을 소유하는 것을 뜻한다. 좋든 싫든 세상에는 항상 다른 것에 비해 더 희귀하고 더 많은 수요가 있는 기술이 존재할 것이다. 이런 기술들은 더 높은 보수를 보장한다. 그렇다면 우리가 지금까지 만나본 세 명의 아인슈타인 직업주의자들이 기술과 정보기반의 직업을 가졌던 점은 놀랍지 않다. 또한 리나 찰리가 예술적 작업으로는 그다지 많은 돈을 받지 못하는 것도 우연은 아니다. 사회적으로 중요하고 개인적으로 만족스러운 일이라고 해도, 예

---

26 그녀는 한 친구와의 사이가 틀어졌을 때, 이 프로젝트에 관한 아이디어를 얻었다. 그녀는 맥주 한 모금을 마시며 생각했다. "이 맥주는 인간관계와 비슷하네. 짜릿하게 시작해서 맛이 풍부해지다가 찰나의 고뇌와 쓴맛으로 마무리되잖아."

술적 일로 돈을 벌기는 어렵다. 당신은 연극 연출 같은 일을 만족스러운 직업으로 가진 사람을 찾기 어려울 것이다. 연극 연출은 보통 안정성이 아니라 열정으로 하는 일이며, 작업에 자신의 영혼과 시간을 쏟아붓는 일이다.

하지만 당신이 예술적 포부를 가졌다고 해서, 걱정하지는 말자. 그 열정을 포기하거나 굶주린 예술가가 될 필요는 없다. 당신은 다른 곳(진정으로 관심이 있는 또 다른 분야)에서 재정적 보장을 받고, 여가 시간에 예술을 추구하거나 아인슈타인 접근법 말고 슬래시 접근법 같은 다른 방식을 선택할 수도 있다. 이런 전략들은 당신을 배반하지 않는다. 우리가 다능인이라는 사실에서 가장 멋진 일 중 하나는 다양한 기술과 흥미를 소유하고 있다는 점이다. 아인슈타인 접근법은 우리가 소유한 수익성 있는 기술들을 통해 만족스러운 직업을 찾고 구축할 수 있도록 해준다. 그래서 우리가 압박감 없이 다른 관심사들을 추구할 수 있도록 말이다.

관심은 양립할 수 있다

당신이 관심 있는 만족스러운 직업이 몇 년간의 훈련을 필요로 하는 것이라면 어떻겠는가? 매트 램버트 Matt Lambert 는 47년간 의학 분야에서 일해 온 72세의 내과의사다! 그는 개인병원의 외과의사로 경력의 대부분을 외과수술 전문의로 보내오다, 최근 경영진 운영체계의 병원으로 이직했다. 당신이 매트의 47년 의료경력을 어떤 다른 맥락에서 읽었다면, 그가 다능인이라고 전혀 생각하지 않을 것이다. 일반적으로 의학은 전문가 직업 중에서도 최고라고 꼽힌다.[27]

하지만 의사들도 다능인일 수 있으므로, 의학에 관심 있는 다능인들이 그 길을 걷는 것에 대해 미리 낙담할 필요는 없다. 매트는 직업상으로는 내과의사일 수 있지만, 그는 한편으로는 열정적인 예술가이자 열렬한 독서가이며 평생 학습자이기도 하다. 외과의사로서의인생을 설명할 때, 그는 다음과 같이 말했다.

> 저는 의사라는 직업을 좋아하면서도, 계속해서 글(단편소설, 시, 한 권의 소설)을 썼습니다. 그리고 밴드에서 활동하면서 기타를 연주하기도 했죠. 또한 목각장식이나 목판인쇄, 중국 채색화, 콜라주, 유화, 중세의 조명, 그리고 전선 조각품 등을 만들어 왔어요. 물론 열렬하게 독서도 계속했죠.

매트는 이 책을 위해 내가 인터뷰한 사람들 중 가장 열정 어린 한 사람이다. 72세라는 나이에도 그는 자신의 개인적 프로젝트를 우선시하는 것에 대해 개의치 않으며, 여가 시간을 엄청난 계획으로 채운다.

---

27 주의 : 이는 오해다.

좌절하고 실망하기에는 인생이 너무 짧습니다. 그리고 원하는 모든 것을 성취할 수는 없다고 해도, 우리는 많은 것을 할 수는 있습니다. 저는 매일매일 저에게 중요한 일을 할 시간을 따로 떼어놓으려 노력했습니다. 명상이나 독서 혹은 창작활동이나 생각할 시간 그리고 가족과 친구를 포함해서 세상이 준 모든 것들에 감사하는 시간 등을 말이죠.

다양한 열정을 소유한 것에 대해 매트가 항상 확신에 찼던 것은 아니다. 그는 의학에 대한 관심과 예술에 대한 관심이 양립할 수 없다고 생각했었다.

저는 늘 의사가 되는 배를 잘못 탔다고 생각했으며, 내가 진짜 무엇이 되어야 하는지를 계속해서 찾고 있었습니다. 저는 최근까지도 이것(다능인이 되는 것)이 내가 해야할 일이라고 생각하지 않았으니까요.

체크 포인트

아인슈타인 접근법은 자신의 관심사를 순전히 즐거움과 자신만의 조건에서 추구하는 것에 만족하는(혹은 안도하는) 다능인들에게 아주 좋은 선택이다. 이 접근법은 또한 안정성과 규칙성에서 잘 지 낼 수 있는 사람들에게 잘 어울린다. 체크할 사항들은 다음과 같다.

- 아인슈타인 접근법은 당신을 완전하게 지지해줄 풀타임 직업이 나 사업을 하는 것이다. 그러면서 한편으로는 다른 열정들을 쫓 을 수 있는 충분한 시간과 에너지를 남겨주어야 한다.
- 아인슈타인 접근법에는 만족스러운 직업을 가지는 것이 포함된 다. 자영업을 선호한다면 당신만의 만족스러운 사업을 시작할 수 있다.
- 만족스러운 직업이나 사업은 (1)즐거움, (2)충분한 수입, 그리고 (3)여가 시간을 제공해야만 한다.
- 아인슈타인 직업주의자들은 임금을 받는 직장과 열정을 쫓는 작 업을 병행할 에너지를 각각 서로 다른 기술과 사고력을 요하는 두 영역을 추구하는 방식으로 얻는다.
- 어떤 사람들은 본질적으로 다면적인 직업을 만족스러운 것으로 추구한다. 하지만 지나치게 많은 다양성은 때대로 역효과를 낳을 수 있다. 퇴근 후 에너지를 유지하기가 힘들어질 수 있기 때문이 다. 학제적 성격의 직업이 상당히 매력적으로 보인다면, 그룹 허 그 직업 모델을 확인해보도록 하자.
- 아인슈타인 접근법의 핵심 구성 요소는 재정 안정성이므로, 우리 의 수익성 좋은 기술들은 만족스러운 직업이나 사업으로 가장 잘 이어질 수 있다.

- 몇 년간의 교육을 필요로 하는 직업에 흥미를 가져도 괜찮다. 다양한 의미를 가지고, 직업과 관련 없이 취미로 수년간의 연구가 필요한 분야를 위해 자신들의 열정을 쏟는 수많은 다능인들이 있다.

아인슈타인 접근법 연습하기
→ 248 페이지로 이동

7

모험을 즐기는
행동가라면

불사조는 전설에 등장하는 가장 유명한 동물이다. 전설에 따르면, 불사조는 빨간색과 금색의 큰 새로 500년 이상 산다고 전해진다. 수명이 다하면, 나뭇가지들로 둥지를 만든 후에 불타오르거나, 잠이 들거나, 죽거나, 혹은 서서히 재가 되어간다(이에 대해서는 다양한 신화적인 해석이 존재한다). 그리고 나서, 불사조는 그 잿더미, 혹은 태고의 먼지더미에서 다시 태어난다.

불사조는 우리들 중 몇몇에 대한 적절한 비유 중 하나다. 동시에 여러 가지 관심사를 가지고 있어야 만족스러운 다능인들이 있는 반면에, 어떤 다능인들은 몇 달 혹은 심지어 몇 년 동안 하나의 주제에 매료되기도 한다.[28] 피닉스 접근법은 이처럼 하나의 분야를 몇 달 혹은 몇 년 동안 수행하고 난 후에 방향을 바꾸어 새로운 분야에서 새로운 경력을 시작하는 것이다. 당연히 이러한 경력 모델은 동시 - 순차적인 스펙트럼[29]의 순차적인 종료시점에 더욱 가까워진 다능인들과 자신들의 열정을 하나씩 모험하는 것을 즐기는 다능인들에게 가장 적합한 모델이다.

나는 나의 웹 사이트인 퍼티라이크Puttylike를 시작한지 얼마 지나지 않아 서로 알고 있는 지인을 통해 트레버 클락Trever Clark을 만났다. 그당시 트레버는 열정적인 블로거이자 디지털 마케팅 전문가였다. 그는 미시간에 거주하고 나는 덴마크에 살고 있었음에도 불구하고 우리는 온라인상에서 빠르게 친구가 될 수 있었으며 서로의 블로그를 키워 나감에 있어 조언과 지원을 나누는 사이가 될 수 있었다. 사실트레버는 '다능인'이라는 단어를 최초로 사용한 사람이다.[30] 멀리 떨어져 있는 친구들 사이에서 자주 그러하듯이, 트레버와 나는 그 후 몇 년간 서로 연락을 하지는 못했지만, 소셜미디어상의 일반 게시물에서 서로의 소식을 볼 수 있었다. 어느 순간, 나는 트레버가 기술 관련 내용이 아닌 음식 관련, 즉 그의 친구와 함께 시작하게 된 장인 버

---

28 만약 이것이 당신의 이야기처럼 느껴진다면, 당신 스스로를 다능인이라고 부르는데 문제가 없다는 뜻이다.

29 제1장에서 논의했던 내용.

30 나는 다재다능함이라는 심리학적 용어를 내 블로그를 통해서 논의해왔다. 그리고 트레버는 고맙게도 그의 독자들에게 나의 업적을 읽어보도록 권장하는 게시물을 올렸다. 그의 게시물에서 그는 '다능인들'의 구성원이 될 수 있다며 퍼티라이크(PuttyLike)커뮤니티를 소개해 주었고, 그리하여 사용하게 된 단어다(그는 나에게 그 단어를 사용할 수 있도록 허가해 주었다).

섯 농장에 대한 글을 열정적으로 게시하고 있다는 것을 알게 되었다. 그들은 미식가들을 위한 버섯을 키워 지역에 있는 고급 레스토랑에 판매하고 있었다.

트레버의 새로운 경력에 대해 알게된 지 얼마 지나지 않아, 우리 부부는 함께 자동차 여행을 떠나게 되었다. 우리는 가는 길에 트레버의 농장 본사인 '더 어반 머쉬룸the Urban Mushroom'을 둘러보기로 결심했다. 그 곳에는 이전에 전혀 볼 수 없었던 엄청나게 크고 다채로운 색의 버섯들로 가득찬 방들이 있었다. 하지만 나는 균류학에 큰 열정을 가지고 있는 트레버에 더 큰 감명을 받았다(그는 사자 갈기 버섯에 물을 주면서 자신의 모험담을 들려주었다). 그가 온라인 시장에 쏟아 부었던 열정은 그대로 남아 있었다. 다만 이번에는 그 대상이 키워드 검색이 아닌 페트리 접시(미생물이나 동식물 조직 배양 등 주로 생물학 실험을 위한 원형의 납작한 유리 용기 - 옮긴이) 실험이었다.

3년이 빠르게 지나고, 트레버가 그의 버섯 사업의 지분을 정리하고 지역 식품 교환을 위한 운영회의 임원이 되었다는 사실은 나에게 그리 놀라운 사실이 아니었다. 또 1년이 지난 후, 그는 기술 지원 분석가가 되었다. 트레버는 자신의 관심사를 순차적으로, 한 번에 하나씩 옮겨 다니는 다능인이다. 그는 무언가에 매료되면 몇 년 동안 다른 모든 것을 포기하고 그것에 뛰어들었다. 그러다가 더 이상 도전 의식을 느끼지 못하게 되면 그는 다시 새로운 분야로 옮겨간다. 그가 매번 개인적인 종착점에 도달하게 되면, 그의 오래된 정체성은 기쁨의 불꽃을 분출하게 되고, 그는 새로운 일을 하기 위해서 잿더미에서 다시 태어난다.

깊이와 넓이 사이의 균형 찾기

피닉스 직업 모델은 하나에 심취하는 것을 좋아하고 삶의 행복을
위해 많은 다양성을 필요로 하지 않는 다능인에게 가장 적합하다.
피닉스 접근법은 다른 모든 직업 모델들에 비해 한 가지 확연히 다
른 점이 있다. 바로 당신에게 다양함을 제공하지 않거나 그것이 제
공하는 다양함이란 당신이 했던 일들을 되돌아보았을 때나 알 수 있
을 만큼 매우 천천히 발생한다는 점이다. 당신이 하나의 관심사에
뛰어들게 되면, 당신은 아마도 많은 다른 관심사들에는 동시에 관심
을 주지 않을 것이다. 당신은 몇 시간이 아니라 몇 년을 주기로 관심
사를 한 번에 하나씩 모험한다. 만약 당신이 동시 – 순차적인 스펙트
럼의 순차적인 종착점에 가깝다면, 피닉스 접근법이 당신에게 적합
할 수 있다.

박사학위 포기 이론

나의 연구로 발견한 재밌는 사실 한 가지가 있다. 다른 직업 모델
들을 사용한 다능인들과 비교했을 때, 피닉스 다능인들은 그들답지
않게 과거에 최소 하나 이상의 박사학위 과정을 포기한 경험이 있
다는 것이다. 사회경제학 요소를 제외한 가능한 이유로는, 많은 피

닉스 다능인들은 5년짜리 고급 학과 과정에 진학하여 대략 3~4년간은 아주 만족스러웠지만, 그 이후에는 관심을 잃어버렸다고 한다.

바트 런셀링크Bart Lenselink는 화학 박사과정 4년차에 전공을 그만두기로 결심했다. 그는 자신의 연구주제에 지루함을 느끼게 되었고 더 이상 연구를 계속할 힘을 잃어버리게 되었다. 학위를 그만 두고 난 후 바트는 컴퓨터에 대한 애정을 추구하기로 결정했고, 그의 30년 경력기간 동안 마케팅, 전기통신, IT 프로세스 아키텍쳐, 프로젝트 관리자, 그리고 관리 컨설팅 분야에서 일해왔다. 이와 비슷하게, 스테파니 르브룅 콜러Stéphanie Lebrun Kohler는 그녀의 저널리즘 박사학위 과정을 끝마치지 않기로 결정했다. 그 몇 년간, 그녀는 무언가 새로운 것을 시도할 만반의 준비가 되어 있었다. 그녀는 결국 광고회사에 취직을 했고, 그 후 교육 관련 일을 했으며, 그 후에는 번역가로 일했다. 이와 같이 고급 학위로 진학을 추구하다가 포기하게 되는 피닉스 다능인들의 경향은 충분히 있을 수 있는 일이다. 그들은 특정 분야에 매료되어 자신들이 갈 수 있는 가장 높은 수준의 교육기관에 진학하지만, 같은 수준의 헌신을 추가된 기간만큼 유지하기를 원하지 않는다. 그들은 실패한 것일까? 절대 아니다. 그들은 불사조다. 피닉스 다능인들은 다른 어떤 종류의 다능인들보다 심취하는 것을 좋아한다. 하지만 다른 모든 다능인들과 마찬가지로, 그들 역시 그들의 일에 대한 흥미로움과 도전의식을 필요로 한다.

만약 당신이 다양함 이상의 것이 필요하다면?

당신이 지금까지 살펴본 피닉스 다능인들처럼 한 곳에 심취하는 사람이 아니라고 해보자. 피닉스 접근법이 더욱 다면적이 될 수 있도록 만드는 방법 중 하나는 직업 모델들을 결합하여 연속되는 모델들 사이를 연결하는 점진적인 길을 구축하는 것이다. 당신이 되고자 하는 것에 서서히 다가갈 수 있도록 말이다. 예를 들어 10년간 공학에서 건강, 그리고 건강에서 식품 관련 직업을 옮긴 다능인이 있다고 해보자. 기술자로서 그는 아인슈타인 접근법을 사용하여 큰 회사에서 충분히 좋은 직업을 가지고 있으면서 부업으로는 다른 열정들을 탐험한다. 그들의 관심이 건강 쪽으로 기울게 되면, 그들은 슬래시 접근법을 사용하여 일주일에 며칠은 병원 보조 일을 하고, 소규모의 고객들에게 영양관리를 제공하며, 요가를 가르치는 것처럼 건강 분야와 관련된 여러 아르바이트를 통해 수익을 창출하는 방법을 만들어낸다. 마지막으로 식품으로 관심이 옮겨지게 되면, 그들은 그룹 허그 접근법을 사용하여 글루텐이 함유되지 않은 빵집을 시작한

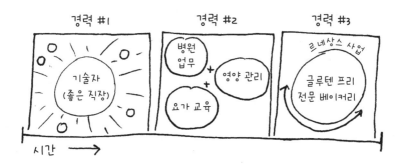

다. 이것은 자신들의 관심사였던 건강과 식품을 조합한 르네상스적인 사업이고, 그들의 빵집은 심지어 가끔 요가 수업을 열 수 있을 정도의 큰 공간을 가지고 있다.

피닉스 접근법을 다른 접근법들과 조합하게 되면, 당신은 다른 관심사에 대한 당신의 세계를 닫아버리지 않으면서도 한 분야에 더 오랜 기간 동안 심취할 수 있다. 하지만 진로를 바꿀 시기가 되면, 그 변화는 일반적으로 외부에 보이는 것처럼 갑작스럽거나 불규칙적으로 발생하지 않는다.

부활은 무작위로 일어나지 않는다

가볍게 알고 지내는 지인들에게는 피닉스 다능인들이 무작위로 자신들의 정체성을 바꿔가며 지내는 것처럼 보일 수도 있다. 이 책 초반에 소개했던 나의 이전 연기 선생님을 우연히 마주친 이야기를 가져와 보자. 그녀는 영화 제작자에서 변호사로 진로를 바꾼 나의 모습이 겉으로 보기에는 매우 쌩뚱맞은 변화이기에 혼란스러워했다. 우리의 다양한 모습들은 서로 관련이 없어 보일 수 있지만, 그들 간에는 자주 공통의 '왜' 혹은 다수의 '왜'들이 존재한다. 이번의 경우, 문제 해결에 대한 애정과 그에 관련된 일을 해야만 했던 것이 나의 '왜'였다. 문제 해결 능력은 영화를 제작하거나 복잡한 법률 사건을 해결하는 일의 큰 부분을 차지한다.

가끔은 도전적인 개인적 경험이 그 '왜'에 영감을 줄 수 있고, 결과적으로 그 '왜'는 우리가 빠져들게 되는 분야나 경력을 형성하게 된다. 마리아 윌버그Mariah Wilberg 또한 여러 번 그녀의 다른 모습을 보여주었다. 그녀는 그녀의 경력을 국내 범죄 방지를 위한 워크숍 진행자로 시작했다. 그 후, 그녀는 불법 성매매와 성학대 방지와 관련하여 일했다. 일 년도 되지 않아 그녀는 HIV/에이즈 관련 기관에서 취업 제의를 받게 되었고, 지금은 건강 교사와 연사로서 4년째 근무하고 있다. 그녀와 이야기를 나누었을 때, 그녀는 또다시 그녀를 일깨우는 무엇들에 대한 충동을 느끼고 있었다. 그녀는 더 이상 그녀 직업에 대한 도전 의식을 느끼지 못하였고, 형사행정학 분야와 관련된 일을 시작하려고 생각하고 있었다. 하지만 마리아의 가장 큰 변화는 지금 나열한 다양한 경력들이 아니다. 그 변화는 이러한 경력이 있기 이전에 발생했으며 훨씬 더 개인적인 일이다. 그녀는 청소년기 후반에 알코올과 약물 중독으로 힘들어했다. 그녀는 학대받았고, 결국 집 없는 신세가 되어 감옥에 수감되었다. 감옥에 있는 동안 그녀는 스스로를 돌보기 시작했다. 그녀는 치료를 시작했고, 매일같이 일기를 쓰고, 100권이 넘는 자기계발서를 읽었다. 그리고 그녀는 그것들을 자원해서 돌려주었다. 그녀는 자신의 일생을 '낙오한 사람들을 돕는' 일에 헌신하기로 결심했다. 이것이 마리아의 '왜'이고, 국내 범죄 방지를 시작으로 HIV/에이즈 교육에서 형사행정학에 이르기까지 그녀가 전문적으로 하는 모든 것들을 일깨운 것이다. 그녀가 무슨 형태의 일을 하든지, 그것은 모두 가난하고 지원을 받지 못하며, 문제를 겪고 있는 사람들을 돕는 일이다.

당신은 지난 수년간 함께한 다양한 역할, 프로젝트, 그리고 정체성들에서 공통점을 찾을 수 있는가? 각각의 다른 분야들은 당신의 '왜'를 탐험하는데 있어 모두 다른 방법으로 도움을 준다. 이는 우리로 하여금 다음 질문을 하게 만든다. 만약 당신이 스스로를 불태우고 잿더미 속에서 다시 일어날 준비가 되었다면?

바꿀 시기를 아는 법

피닉스 다능인으로서 가장 힘든 문제는 언제 특정 진로에 안녕을 고하고 새로운 것으로 전환할 것인지를 아는 것이다. 작가이자 사업 지도사인 파멜라 슬림Pamela Slim은 당신의 위치, 회사 혹은 산업 분야를 바꾸기 적합한 시점을 정하는데 사용할 수 있도록 '혐오 등급'이라는 현명한 기술을 개발했다. 1부터 10까지 측정하는 자가 있다고 상상해보자. 1에서는 모든 것이 훌륭하고 당신은 당신의 직업을 사랑한다. 10에서는 당신이 일터로 가는 생각만으로도 몸이 아픈 느낌이 든다. 지금 현재 당신의 직업을 측정한다면 어느 정도의 위치에 있을 것인지 잠시 생각해보자. 파멜라는 대부분 사람들이 새로운 관심사로 전환할 가장 좋은 시기는 5~8구간이라는 것을 발견했다(그녀는 이를 '불안 구간'이라고 부른다). 만약 당신이 9~10구간까지 기다리게 된다면(이 지점에서 당신은 고갈되고, 아프고, 우울함을 느낀다), 당신은 아마도 우아하게 빠져나올 수 없을지도 모른다. 또한 이 지점에서 너무나도 간절히 빠져나오고 싶은 나머지 관계를 끊어 버리거나, 분별없이 일을 관두거나, 단지 더 좋아 보인다는 이유만으로 뛰어들어 확신 없는 선택을 행하게 된다. 당신이 혐오 등급상 어느 구간에 속하는지 알 수 있는 가장 좋은 방법은 정기적으로 당신 스스로 상태를 확인하고 당신의 몸이 어떤 느낌인지 주의를 기울이는 것이다.[31] 노련한 피닉스 다능인들은 '불안 구간'을 잘 안다. 그리고 이때야말로 그들이 다른 선택지를 바라보기 시작하는 때이다.

새로운 일로 옮길 때가 되었다는 것을 깨닫는 느낌을 설명하기 위해 극심한 분노나 스트레스 말고 자주 사용하는 단어는 지루함이다. 당신은 쉽게 인내심을 잃어버리고 더 이상 흥미와 도전의식을 느끼지 못한다. 과거에 당신은 상사를 설득하기 위한 발상들을 항상 가지고 있었던 반면, 지금은 프로젝트들을 착수하고자 하는 열망조차 잃어버렸을 수 있다. 이러한 신호들은 당신의 다음 경력에 대해 생각하고 이직을 위한 단계를 시작할 때라는 것을 알려준다.

---

31 이것은 어떤 기분일까? 파멜라는 다음과 같이 묘사한다. "육체적으로, 당신은 당신의 기운이 오르락내리락한다는 것을 알게 된다. 당신이 어떤 일을 마무리한 날에는 어느 정도 기운이 나지만, 전반적으로는 약간 짜증을 느끼고, 사무실로 갈 때는 매우 스트레스를 받는다."

뛰어들기 전에 탐험해 보자

불사조가 위풍당당하게 자신을 불태우는 모습을 상상하면 매우 아름답고 극적이다. 그렇지만 우리 경력에 관한 한, 따라야 할 더 건강한 모델은 불사조가 자연적으로 죽고 다시 부활하기 전에 서서히 분해된다는 전설이다. 따라서 문 하나를 닫아 버리는 것, 혹은 문을 세게 닫아 버리고 불태워 버리는 것으로 생각하는 대신에, 어떻게 하면 이 시기를 중간단계로 만들 수 있을지 생각해 보자. 대부분 피닉스 다능인들은 한 경력에서 다른 경력으로 넘어가기 전에 그들의 지식, 경험, 그리고 관계들을 부업을 통해 키워나간다. 당신의 직업을 그만두기 전에 기초를 다지는 것은 매끄러운 이행을 이끌어 낸다. 사실 부업으로 탐험하는 것 자체가 이행을 가능하게 만드는 때도 많다. 왜냐하면 당신을 전문적인 기회들에 노출해줄 수 있기 때문이다.

순조로운 시작을 위한 전략

당신이 어떤 분야에서 일을 하고 있다고 상상해 보자. 당신은 그 직업을 처음 몇 년간은 사랑하게 될 것이다. 그건 당신의 관심사에도 잘 맞았고 수많은 배움의 기회를 제공했으며, 당신의 '왜'들과도 잘 부합했다. 하지만 지난 6년간 혹은 12개월간은 점점 짜증이 나기 시작했다. 재미있다고 느꼈던 업무들은 이제 기계적으로 느껴지고 영감도 느끼지 못한다. 하지만 다른 무언가가 있다. 당신은 다른 분야에 호기심이 생겨서 지금까지 얼마간 배워오고 있다. 당신은 생각하기 시작한다. '나는 나의 새로운 열정과 관련된 새로운 직업을 찾을 수 있을지도 몰라! 놀라운 생각 같아.' 어디서부터 시작할 것인가? 당신이 한 번도 일해본 적 없는 분야에서 어떻게 시작할 것인가? 그리고 이쪽 분야에서 전문적인 경험을 가지고 있고 교육을 받은 다른 후보자들과는 어떻게 경쟁할 것인가? 여기 당신이 새로운 분야에서 일하는 데 있어 도움이 되는 여섯 가지의 전략이 있다.

1. 주변 사람들에게 연락을 하자

직장을 그만 두는 것에 관한 한, 관계는 이력서만큼이나 중요하다. 연줄에 의한 등용에 관해 이야기하는 것이 아니다. 그리고 당신의 이력서가 중요하지 않다고 이야기하는 것도 아니다. 단지 개인적인 추천만큼 당신의 미래 고용주에게 신뢰를 줄 수 있는 강력한 것이 많지 않다는 뜻이다. 해당 분야 혹은 그와 비슷한 분야에서 일하고 있는 누군가를 알고 있는가? 흥미로운 사람들과 자연스러운 친분을 가진 친구가 있는가? 당신 인생에서 관계를 맺은 사람들에게 연락을 해서 소개나 추천을 도와 줄 수 있는지 알아보자.

2. 인맥과 행동 반경을 넓혀라

당신의 새로운 관심사와 관련된 행사에 참석하고, 수업을 듣고 새로운 사람들을 만나기 위해 노력하자. 더 나아가기 전에, 문제점 하나를 짚어보자. 그건 바로 내성적인 당신 자신이다. 나도 알고 있다. 나 역시도 내성적인 사람이다. 나는 사람들이 많은 곳을 감당하기 힘들어 한다. '인맥'이라는 단어는 나를 몸서리치게 한다. 하지만 내가 사랑하는 것이 무엇인지 아는가? 나는 다른 사람들에 대해 배우는 것을 좋아한다. 나는 이야기를 듣고 무엇이 사람들을 움직이게 하는지 이해하는 것을 좋아한다. 단지 이러한 것들이 부산스러운 인맥 행사가 아닌, 조용하고 독대를 하는 상황에서 이루어지는 것을 선호할 뿐이다. 만약 당신이 내성적인 사람이라면, 행사에 참석하되 오래 머물지 마라. 당신이 그곳에 있는 동안에는 어울리려는 의지를 가져라. 당신이 이러한 상황에 스스로 얼마나 어색해 하는지를 항상 솔직하게 말해도 된다. 당신의 소리가 미치는 어딘가에서 안도의 한숨을 내쉬면서 '저도 만찬가지에요!'라고 말하는 누군가를 만날 수 있는 좋은 기회가 있다(나는 이러한 방법으로 적지 않은 친구를 만들어 왔다). 당신이 감당할 수 없게 되면 그곳을 벗어난 후에 당신이 만난 사람들 중에 잠재적으로 친구나 동료가 될 수 있는 사람들과 연락하자. 커피를 마시자고 하거나, 그들이 멀리 산다면 스카이프와 같은 화상통신으로 만남을 제안해 보자. 적극적으로 새로운 관계를 찾는 것은 당신의 기회에 엄청난 영향을 줄 수 있다.

3. 자원봉사 활동으로 시작해라

자원봉사 활동은 당신에게 실무 경험을 제공하며, 당신의 기술을 개발하고 그것들을 다시 제공할 수 있도록 해준다. 당신은 해당 분야에서 일하는 사람들을 만나게 될 것이다. 그들은 채용 중인 공고들에 대해 알고 있고 추천인의 역할을 해줄 수 있거나, 혹은 심지어 어느 날 당신을 직접 채용할지도 모른다. 마리아는 열성적인 자원봉사자였다. 그녀는 현재 이사회에서 도움을 주고 있고 네다섯 개의 다른 조직 혹은 단체에서 적극적으로 자원봉사 활동을 하고 있다. 이는 그녀를 적절한 시점에 적절한 곳에서 일하도록 해주었고 적합한 사람들을 연결해 주었다. 그리고 그녀는 결과적으로 적지 않은 취업 제안을 받게 되었다.

4. 거절할 수 없도록 제안하라

만약 당신이 프리랜서 경력을 쌓고자 한다면 이 접근법은 특히 효과적이다. 찰리 혼Charlie Hoehn은 그의 저서 『불황이 없는 졸업Recession-Proof Graduate』에서 '무보수'로 일하는 개념을 옹호하고 있다. 그것은 다음과 같은 방식으로 진행된다. 당신은 일하고 싶은 작은 규모의 경영주를 찾아가서 무보수로 도움을 주겠다고 제안한다. 마침내 일을 환상적으로 마무리하고 당신의 '고객'을 보수를 받지 않은 재능으로 기쁘게 한 후, 보수를 받는 자리로 옮겨 줄 것을 제안한다(만약 잘 되지 않더라도 무거운 마음을 가지지 않아야 한다).

찰리는 다음과 같은 방법을 추천한다. 당신이 함께 일하고 싶은 사람을 알아내고, 당신이 생각하기에 그들에게 도움이 될 것들을 요약한 이메일을 보낸다. 그러고 나서 무보수로 일하겠다는 제안을 한다. 당신 자신에 대한 홍보는 연구와 특별함, 그리고 어느 정도의 사전 노력이 있어야 한다. 《포브스》에 기고한 글에서, 찰리는 《뉴욕 타임스》의 베스트셀러 작가 래미트 세시Ramit Sethi에게 어떻게 접근했는지 다음과 같이 설명했다.

래미트에게 나는 "강연 정말 좋았어요. 하지만 영상은 별로였어요. 그것이 정말 힘들고 시간이 많이 드는 작업이어서 그랬을 거라 생각해요. 그러니 만약 당신이 영상을 찍는다면, 제가 편집해서 게시하도록 할게요. 그러면 당신은 영상에 대해서 신경 쓸 필요가 없죠. 그리고 여기 당신이 강연하는 비디오를 제가 미리 편집한 영상이 있어요. 이 영상을 당신의 다른 강연 영상을 의뢰하기 위한 데모로 사용하도록 하세요."

이러한 제안을 세시는 거절할 수 없었고, 그들은 곧 같이 일하게 되었다.

어떻게 하면 당신의 제안을 당신이 같이 일하고 싶은 사람이 거절할 수 없도록 할 수 있을까? 나는 이러한 종류의 이메일을 수년간 받아오고 있다. 나는 보통의 경우 거절을 하는데, 그 이유는 항상 다음과 같다.

- 제안이 구체적이지 않거나 내가 필요하거나 지금 당장 도움이 필요한 것이 아니다. 정확히 어떻게 도움을 줄 것인가?
- 누군가를 우리의 시스템에서 훈련하게 하거나 그를 위한 환경을

만들기 위해서 내가 해야 할 일이 너무 많다. 이 일을 이전에 해본 적이 있는가? 당신을 어떻게 신뢰할 수 있는가? 만약 당신이 그래픽 디자인작업을 도와주려고 한다면 온라인상의 포트폴리오는 가지고 있는가? 만약 당신이 글을 쓰는 것을 돕고 싶다면, 내가 살펴볼 수 있는 당신의 블로그를 가지고 있는가? 워드프레스를 사용해본 적이 있는가?

• 나는 당신이 어떤 사람인지 모른다. 이는 분야의 특성일 수는 있겠지만, 퍼티라이크Puttylike에는 함께 참여할 수 있는 수많은 기회가 있다. 나는 정기적으로 블로그 게시물에 댓글을 달거나 토론장에서 조언을 해주는 사람들의 이름을 알고 있다. 만약 내가 당신의 이름을 알고 있다면, 난 당신의 홍보에 더 많은 관심을 보일 가능성이 높다. 우리 팀에 사람을 고용할 때, 그들은 대부분 커뮤니티 활동에 적극적이고 도움이 되었던 회원들이다. 나는 그들의 소질(그리고 훌륭한 인격)에 대해 자세히 알고 있었으며 그들이 나의 팀에 있기를 원했다.

요약하자면, 조사를 해서 당신의 청중을 알고, 그에게 무언가 가치 있는 것을 제안하며, 당신의 제안 때문에 당신이 같이 일하고자 하는 사람이 어떠한 사전 작업을 해야 할 필요가 없도록 해야 한다. 그리고 (만약 가능하다면) 먼저 관계를 맺어라.

5. 훈련을 받자

수업을 듣거나 자격증을 취득하는 것은 당신의 기술을 발전시킬 수 있고, 당신의 열정을 공유할 수 있는 사람들에게 당신을 연결해 줄 수 있으며 당신의 이력서를 강력하게 만들어 줄 수 있다. 어떠한 경력은 자격증, 혹은 고학력이 요구된다. 만약 그러한 경우라면, 경제적인 여건이 허락하는 한 대학 교과 과정에 진학하는 것은 확실히 하나의 선택일 수 있다. 하지만 만약 당신이 추구하는 커리어가 고학력을 요하는 것이 아니라면, 당신 지역, 혹은 온라인상의 수업을 수강하는 것을 고려해 보자.

6. 당신의 전환 가능한 기술을 강조하자

새로운 분야의 직장에 취업하려고 할 때는 불이익이 있을 것이라고 느끼기 쉽다. 더 많이 훈련하고 경험이 많은 후보자들과 경쟁하는 한 가지 방법은 당신의 전환 가능한 기술들을 강조하는 것이다. 당신의 과거 업무 경험이 해당 직업과 어떻게 연관되어 있는지 설명하자. 마리아 윌버그Mariah Wilberg는 전혀 경험이 없었던 준법률가 자리를 위한 자기소개서에서 그녀가 비영리 경력에서 사용했던 적절한 기술들에 대해 설명했다. 그녀는 압박감 속에서 일한 것, 엄격한 마감일을 지킨 것, 보조금 요구조건을 충실히 지킨 것, 감정적인 고객들과 일한 것 등에 대해 설명했다.[32]

---

32 그녀는 취업 제안을 받았지만 결국 다른 방향의 진로를 선택했다.

새로운 분야에서 다시 시작할 때, 당신은 아마 전문가의 사다리에서 몇 걸음 후퇴해야 할지도 모른다는 것을 알아야 한다. 겸손해지고 배우는 것에 있어 열린 마음을 가지자. 당신이 얼마나 열정적인지 보여주자. 당신은 아마 당신이 생각하는 것보다 빠르게 발전할지도 모른다. 만약 관계가 이력서를 이기게 된다면, 당연히 열정은 경험을 뛰어넘을 수 있다.[33]

우아한 안녕

새로운 모험을 위해 직장을 떠나게 되면, 그로 인해 영향을 받게 될 사람들이 있을 수도 있다. 당신이 만들어온 약속들을 지키도록 노력하고 고용주, 동료들 그리고 고객들을 포함하여 당신에게 의지하던 사람들을 위하여 당신의 전환이 최대한 매끄러울 수 있도록 할 수 있는 것들을 하자. 그것은 상사에게 적절한 공지사항을 전달하기, 진행해오던 프로젝트를 완수하기 위하여 추가로 몇 주간 더 머물기, 혹은 후임으로 들어오는 직원 교육 도와주기 등이 될 수 있다.

---

33 어디까지나 당신이 외과의사가 아니라면 말이다.

연쇄 창업가 정신

물론 일부 대담한 피닉스 다능인들은 자신이 주인이 되기를 원한다. 스스로를 고용한 피닉스 다능인을 당신은 무엇이라고 부를 것인가? 그렇다. 연쇄 창업가다! 연쇄 창업가는 사업을 시작하여 수익을 창출하는 지점까지 사업을 키우고 나서는 사업을 팔거나 운영을 도와 줄 사람을 고용하는 방식으로 어느 정도 거리를 둔다. 그러고 나서 그들은 새로운 분야에서 다시 새로운 사업을 시작한다.

연쇄 창업가 정신은 무언가를 시작해서 그것이 큰 영향력을 만들 때까지 임하는 다능인들을 위한 훌륭한 방향이다. 그들에게 가장 핵심이 되는 것은 연쇄 사업가가 열정적이고 치열한 독립적 문제 해결사들이라는 점이다. 티나 로스 아이젠버그Tina Roth Eisenberg는 디자이너이자 글로벌 강의 플랫폼 크리에이티브모닝CreativeMornings, 일정 관리 앱인 투두TeuxDeux, 디자인에 특화된 타투 숍인 타틀리Tattly, 그리고 협업 공간을 제공하는 프렌즈FRIENDS 등 근사한 회사들을 경영하는 사업가다. 기존 경력을 떠나기 전 새로운 경력을 시작하는 다른 피닉스 다능인들과 마찬가지로, 티나는 부업으로 프로젝트를 하는 것을 강력히 추천한다. 4개의 회사들 모두 그녀의 부업 프로젝트들에서 시작되었고 점차 사업의 규모로 유기적으로 성장했다. 당신은 여가시간에 당신 스스로를 쏟아붓는 어떤 프로젝트를 항상 가지고 있으며, 자발적으로 행동하는 사람인가? 그렇다면 당신의 마음은 연쇄 창업가일지도 모른다.

체크 포인트

피닉스 직업 모델은 한 분야에 심취하고 스스로 몰두하고자 하는 욕구와 다양한 경험들을 필요로 하는 것 사이에서 균형을 잡도록 해준다. 다음은 우리가 이번 장에서 다룬 것들이다.

- 피닉스 접근법은 하나의 분야에서 몇 달 혹은 몇 년간 일하고 난 후 방향을 바꿔 다른 분야에서 새로운 경력을 시작하는 것이다.
- 이 모델은 자신들의 관심사들을 한 번에 하나씩 탐험하는 것을 좋아하는 순차적인 다능인들에게 적합하다.
- 피닉스 접근법의 경력은 많은 다양함을 제공하지 않지만 다른 직업 모델과 조합함으로서 좀 더 다면적으로 만들 수 있다.
- 피닉스 다능인의 진로는 외부에서 볼 때 산만하고 무작위처럼 보이지만, 종종 공통의 '왜'가 각각의 경력에 깔려 있다.
- 전환 단계를 만들기 적합한 시기는 당신이 지루함을 느끼기 시작하는 때이다. 당신이 너무 불행한 나머지 일을 생각만 해도 몸이 아픈 정도까지 기다리지 말자.
- 직업을 바꾸기 전에 새로운 경력을 부업으로 시작해서 매끄러운 전환이 이루어지도록 하자.

- 새로운 산업분야로 진입하기 위해서, 다음 중 아무거나 혹은 모두를 시도해보자. 당신이 기존에 가지고 있는 인맥에 연락하기, 새로운 사람을 만나 인맥 넓히기, 자원봉사 활동하기, 무보수로 일하기, 훈련 받기, 당신의 전환 가능한 기술들 강조하기.
- 만약 당신이 독립적이며 자발적인 행동가라면, 자기 고용의 피닉스 형태인 '연쇄 창업가'를 고려해야 할지도 모른다.

피닉스 직업 모델 연습하기
→ 252 페이지로 이동

PART III

우리를
가로막는 걸림돌
그리고 이를
뛰어넘을
기술

모든 것을 드러낸다는 게
항상 편안하고 쉬운 일만은 아니다.
하지만 그것이야말로
우리가 움직임을 만들어내는 방식이다.

만세! 이제 당신은 슈퍼파워의 존재를 깨달았으며, 어떤 접근법으로 그 힘을 활용할 수 있는지도 알게 되었다. 당신을 방해할 것은 이제 아무것도 없다!

하지만 여러분도 아시다시피, 인간에게는 꼭 자신의 방식으로 회귀하려는 경향이 있다. 우리는 노력이 아주 중요한 순간, 노력하지 않고 억제하는 데 탁월하다. 다음 장들에서 우리는 우리의 많은 열정 가운데 인생을 설계하는 과정에서 다뤄야만 하는 커다란 문제들을 짚어볼 것이다. 그건 생산성과 다능인의 불안정성이라는 유령과 관련된 어려움이다. 걱정하지는 말자. 하나같이 완전히 극복 가능한 장애물들이니 말이다. 우리에게는 올바른 도구가 필요할 뿐이다.

8

나만의 시스템
만들기

어떻게 한 사람이 여러 가지 일에 집중하고 또한 그 모든 것들을 진행해 나갈 수 있을까? 심지어 다능인으로서 시간을 낭비하거나 미쳐버리지 않고 모든 열정을 우리 삶에 쏟아붓는 것이 가능할까? 또한 중요한 프로젝트를 수행함에 있어 수반되는 내적인 불쾌함, 예를 들면 지연, 회의감, 당혹감, 만성적으로 확인하는 이메일 등은 어떠한가? 누가 이러한 것들이 가능하단 말인가?

생산성이란 우리를 목표로 향해 나아가게 만드는 행위를 말한다. 우리들 중 대부분에게 생산성은 우리의 행복, 그리고 자부심까지도 연관되어 있다. 우리들의 시대가 지나간 후 이룬 것이 얼마 없다면, 그 기분은 마치 패배한 것과 비슷할 것이다. 우리가 책임지고 집중하여 중요한 프로젝트에서 좋은 업적을 남긴 것처럼 스스로 이룬 모든 것들을 되돌아 볼 수 있다면, 우리는 자신에게 좋은 기분을 느낄 것이다. 분명히 생산성에 대한 좋은 면이 과도하게 강조되어 건강하지 못한 수준까지 이를 수도 있다. 하지만 나는 과도하고 바쁘게 일을 하는 것 혹은 효율성에 대해서 옹호하고자 하는 것이 아니다. 이번 장에서는 우리의 프로젝트들을 진행시키고 혹시나 발생할 창의적, 감정적 그리고 논리적 장애물을 해결하는 데 필요한 장치에 대한 내용이다.

서로 다른 당근과 채찍

철학자들과 지식인들이 존재하는 동안 인류는 어떻게 하면 더욱 생산적일지에 대해 생각하고 글을 남겨왔다. 하지만 대부분의 생산성과 관련된 조언들은 다능인들을 염두에 두지 않고 만들어졌다. 그것들은 다양성에 대한 우리의 욕구를 고려하거나 반영하지 않는다. 전문가에 초점을 맞춘 생산성 관련 조언은 보통 하나의 엄격한 시스템을 따를 것을 주장하지만, 우리 다능인들은 유연한 접근법을 필요로 한다. 우리는 전반적으로 더 많은 재량권이 필요하긴 하지만 저마다 모두 다른 방식으로 일하고 있다. 말하자면, 우리 모두는 서로 다른 당근과 채찍에 의해 동기가 부여된다는 것이다. 어떤 이들은 매주 매시간 단위로 세심하게 미리 계획을 세우는 반면, 다른 어떤 이들은 하루를 구조화하는 생각에도 거부감을 보인다. 또 업무로 돌아가는 것에 어려움을 겪는 이들이 있는가 하면, 어떤 이들은 업무를 중단하는 데 어려움을 느끼고 휴식을 취하는 것에 대한 죄책감을 느끼기도 한다. 우리가 성장하고 변화함에 따라, 우리의 생산성 전략들도 함께 진화해야 한다. 기본적으로 우리 각각은 자신만의 맞춤 생산성 시스템을 설계 또는 재설계해야만 한다.

하나의 방식으로 모든 곳에 적용하는 접근법 대신 우리는 몇 가지 개인적인 도구들에 대해 알아볼 것이다. 이 도구들 중에는 당신에게 맞는 것도 있을 것이고 그렇지 않은 것들도 있을 것이다. 어떤 도구들은 변형이 필요할 수도 있으니, 당신에게 맞도록 실험하고 자신의 것으로 만들어 개인의 시스템에 맞춰보자.

다능인에게 생산성이란 일을 완수하는 것 그 이상을 의미한다. 우리는 우리가 하는 일이 올바른 일인지, 스케줄은 일을 완수하기에 적절한지 확실히 해야 하고, 언제 프로젝트를 포기해야 하며 언제 다음 단계로 넘어가야 하는지를 이해해야 한다. 마지막으로 결코 간과해서는 안 되는 것은, 우리가 어떻게 집중하고 행동하며 실제로 어떻게 일을 성사시킬지 알아내야 한다는 것이다. 이번 장에 나오는 도구들은 크게 다음의 네 가지로 나누어진다.

- 무엇에 집중할 것인지 결정하기
- 시간 만들기
- 그만둘 때를 알기

• 일을 시작하기

그럼 토마토를 신고[34] 시작해 보자.

무엇에 집중할 것인가

다능인으로 살면서 가장 어려운 점 중에 하나는 우리가 가진 '잠재력' 중에 어떤 것을 발전시킬지 결정하는 것이다. 우리는 많은 것들을 할 수 있지만 아마도 한 번에 할 수는 없을 것이다. 당신은 이 부분에서 주저앉고 싶을지도 모르겠다. 하지만 문자 그대로 정말 모든 것을 할 수는 없는 노릇이다. 어쨌든 지구상에서 우리의 시간은 제한되어 있으니까. 그래도 우리는 여전히 일생 동안 많은 것을 경험할 수 있다! 태양 아래 모든 것을 하는 것과 한 가지만 하는 것 사이에는 어마어마한 공간이 존재하며 그곳에 바로 다능인이 있는 것이다.

무엇을 먼저 할지 결정하는 것은 무서운 일일 수 있다. 한쪽 길을 선택하게 되면 다른 한쪽 길을 갈 수 없다는 생각에 쉽사리 빠져들게 된다(이는 평생 동안 들어온 이야기다). 우리는 스스로 나중에 결정을 번복하고 방향을 바꿀지도 모른다는 것을 알기 때문에, 가끔 새로운 시도들에 대해 불안한 직감을 가지고 접근한다. 그렇다면 어떠

---

34 곧 무슨 뜻인지 알게 될 것이다.

한 방법으로 전진한다 해도 무슨 소용이 있겠는가? 이러한 두려움은 실제로 우리를 무행동 상태로 만들기에 충분하다. 사실 한 가지를 선택하는 것이 분명 우리가 가진 여러 가지 선택을 제한하기는 하지만 우리가 생각하는 것만큼 선택들이 영원하거나 되돌릴 수 없는 경우는 아주 드물다. 선택들은 쉽게 바뀌며 심지어 선택을 하자마자 바뀔 수도 있다. 때로는 세 가지를 한 번에 선택하기도 한다![35] 게다가 만약 우리가 관심을 잃었다면, 그건 우리가 원하고자 했던 것을 이루게 되어 새로운 열정과 모험들을 위한 새로운 공간을 우리 인생에 만들 필요가 생겼기 때문일 것이다.

어느 특정한 길을 추구하고자 선택하는 순간에는 무슨 일이 생기게 될지 미리 알 수 없다. 당신은 당신이 선택한 프로젝트를 앞으로 몇 년간 좋아하게 될지도 모른다. 어쩌면 당신의 관심이 빠르게 사라지고 있다는 것을 깨달을 수도 있다. 아마도 이러한 시도는 당신에게 더욱 흥미로운 새로운 주제를 선사할지도 모른다. 당신이 할 수 있는 최선은 당신의 심장 소리를 듣고 용감해지는 것이다.[36] 다행스러운 사실은, 심장이 당신을 이끌도록 하는 것은 하면 할수록 더욱 쉬워진다는 것이다. 이는 심지어 매우 흥분되는 일이다!

---

35 물론 더 많은 것을 한 번에 선택할 수 있는 경우도 있고 한 가지만 선택해야 하는 경우도 있다. 선택은 마음을 사로잡은 프로젝트들이 어떻게 진행되고 있고 그 외 것들은 무슨 일이 일어나고 있는지에 달려 있다.

36 나도 이것이 짜증나는 조언인 것을 알고 있다.

우선 지금은 선택해야 한다는 중압감을 없앨 필요가 있다. 왜냐하면 선택하지 않는 것 역시 선택이기 때문이다. 훨씬 더 큰 결과[37]를 가져오는 것이라면 더 그렇다. 당신이 진행할 프로젝트를 고를 때, 무언가 엄청난 약속으로 생각하지 않도록 노력하자. 그것을 하나의 탐구나 시도 정도로 생각해볼 수 있겠는가? 관심사에는 호기심과 궁금함을 가지고 접근하되 즐겨야 한다는 것을 명심하자.

당신의 태도 선택하기

파티를 즐길 시간이다. 펜과 종이를 준비하고 몇 가지 선택을 해보도록 하자.
우선 프로젝트들을 당신이 시간을 보낼 두 개의 범주로 나누는 것으로 시작하자.

1. 우선순위 프로젝트. 이 범주에는 당신이 관심을 가지고 있는 것들과 현재 진행하고 있는 것들을 포함하자. 이는 업무상 프로젝트, 개인적인 프로젝트, 당신이 공부하고 있는 주제들, 당신이 배우고 있는 기술들, 당신이 즐기고 있는 활동 등이 될 수 있다. 또한 건강 개선하기나 파트너와의 관계 강하게 하기처럼 보다 개인적인 목표가 될 수도 있다.

2. 대기 중인 프로젝트. 이 범주에는 당신이 관심을 가지고 있지만 현재 진행하고 있지 않은 것들을 포함하자. 당신이 가끔 해보았던 것들, 중도에 쉬고 있던 프로젝트

---

37 나는 공포감을 주는 화법을 좋아하지 않기에 각주로 적는다. 당신 생의 마지막 순간에, 당신은 당신이 경험한 모든 수많은 경험들을 되돌아보며 경이로워하기를 원하는가? 아니면, 당신이 시도하기를 두려워해서 하지 못했던 모든 것들을 생각하기를 원하는가? 후회하는 것은 유쾌하지 않다. 그러니 지금부터 즐겁게 모험을 시작하자.

들 그리고 당신이 아직 파고들 기회를 가질 수 없었던 생각들이나 활동들을 나열해 보자. 마찬가지로 이것은 업무 또는 개인적 프로젝트, 주제, 활동 혹은 목표가 될 수 있다. 사실 이 목록은 당신이 원하는 만큼 얼마든지 나열할 수 있다. 연습 과제를 마치고는 자유롭게 목록을 제거하도록 하자. 무언가 새롭게 끌리는 것이 생겼다면 언제든지 추가할 수도 있다.[38]

당신은 이 두 개의 목록에 우리를 흥미롭게 하는 요소들만 포함시켰다는 사실을 알아차렸을 것이다. 우리는 의무적인 일, 반복되는 일상, 덜 고무적인 일, 그리고 빨래 같은 수많은 일들에 시간을 보낸다. 하지만 지금 우리의 목표는 당신의 심금을 끌어당기는 프로젝트들에서 진전을 만들어낼 수 있도록 도와주는 것이다. 이러한 프로젝트들은 빛을 보지 못할 위험이 있으므로 우리는 이것들을 당신의 인생에서 즉시 제거할 수 없는 의무적인 일들, 반복적인 일상, 그리고 덜 고무적인 일들 주변에 맞추어야 한다.
다시 흥미로운 프로젝트들로 돌아오자.

• 당신은 인생에 현재 얼마나 많은 우선순위 프로젝트들을 가지고 있는가? 우리도 알다시피 어떤 사람들은 수십 개의 프로젝트가 동시에 진행되어도 잘 지내는 반면 적은 수의 프로젝트를 가지고 있어야 더 잘 지내는 사람들도 있다. 한 개에서 다섯 개 정도의 우선순위 프로젝트를 동시에 진행하는 것이 시작하기 좋다.

• 당신은 이 프로젝트 개수에 대해 어떤 기분이 드는가? 최근에 부담스러웠던 적은 없는가? 약간 지루함을 느끼고 좀 더 다양한 것을 필요로 한 적은 없는가? 지금 당신을 살아 있다고 느끼게 하며 안정감을 주는 프로젝트의 개수가 정확히 몇 개라고 생각하는가?

• 만약 현재 당신의 인생에 너무 많은 우선순위 프로젝트를 가지고 있다는 생각이 든

---

38 나는 이러한 종류의 리스트를 '잠정적 연기 리스트'라고 불렀다. 하지만 이는 마치 프로젝트들이 휴면기이고 당신이 당분간 신경 쓰지 않을 것처럼 들린다. 만약 당신의 프로젝트들이 '대기 중'이라면, 그들은 언제든지 다시 실행될 수 있는 것이다. 이렇게 부르는 것이 다능인에게는 더 편안하고 (더 정확한) 비유가 될 것이다.

다면, 몇 개를 대기 중인 프로젝트로 옮길 수 있는지에 대해 스스로 물어보자. 만약 당신이 프로젝트들에 쓰는 시간을 지금 당장 줄일 수 없다면, 가까운 시일 내에 자연스럽게 끝이 나는 것인가? 만약 그렇지 않다면, 그들을 대기 중인 프로젝트로 옮기는 계획을 최대한 빨리 세우자.

• 만약 더 많은 프로젝트를 우선순위에 넣고 싶다면, 대기 중인 프로젝트들을 살펴보자. 당신이 시간을 할애하고 집중하고 싶은 혹은 당신이 이미 재미 삼아 해본 프로젝트를 하나 골라서 여기 재미있는 연습 과정에 적용해 보도록 하자.

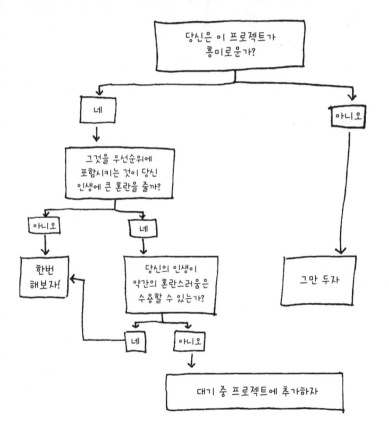

- 당신이 가지고 있는 프로젝트의 개수가 만족스럽게 정해졌다면, 새로운 종이를 준비하자. 각각의 프로젝트를 위한 원을 그리고, 원 가운데에는 프로젝트에 대한 설명을 짧게 적어 넣는다. 다음의 예제를 참고하자.

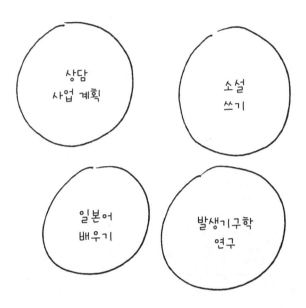

- 선택 : 이 종이를 당신 책상이나 당신이 일하는 어떤 장소에 걸어 놓는다. 이 방법은 당신의 우선순위를 시각적으로 상기시켜줌으로써 그날 당신이 집중하고자 하는 우선순위 프로젝트를 쉽게 고를 수 있도록 해준다.
- 언제든지 당신의 우선순위 프로젝트들 중 하나를 한동안 빼놓을 준비가 되었다면, 대기 중인 프로젝트들 중에 하나를 골라 이전 페이지에 있는 흐름도를 적용해보자.

만약 대기 중인 프로젝트들 중 하나를 죽도록 하고 싶다면?

생산성과 관련한 다른 서적들은 '진행 중인 프로젝트가 하나에서 다섯 개라면 집중하기에 너무 많으며, 다른 것에는 신경 쓰지 말고 그것들을 집중해서 끝마치라'고 말할지도 모른다. 이런 조언은 전문가의 귀에는 아주 타당하게 들릴지도 모르지만, 다능인에게는 그렇지 않다! 우리는 우리의 주의를 끄는 사소한 주제들과 물건들, 그리고 새로운 매력과 같은 수많은 열정들을 탐험할 수 있어야만 한다. 우리는 이러한 자유를 행사하지 않을 수도 있겠지만, 그러한 선택의 여지조차 없다면 우리의 분노가 우선순위 프로젝트들에게 향하게 될 것이다. 상관없는 일을 재미 삼아 해보는 행위 역시 업무에 새 생명을 불어넣을 수 있고 휴식을 제공한다. 따라서 관심을 고정된 한 곳에 머무르게 하지 말고 조금 다양하게 볼 수 있도록 하자. 만약 당신이 지금부터 대기 중에 있는 흥미로운 모든 프로젝트들을 즐기고자 한다면 우리는 어느 정도 제한을 설정해 놓는 것이 좋다. 즐기는 것 자체를 잊어버리게 되면 그 역시 큰 문제가 될 수 있기 때문이다. 프로젝트를 진행하고자 하는 욕구와 모험을 즐기는 것과의 균형을 잘 잡아야 한다.

틈새 시간 갖기

완전히 그리고 기쁜 마음으로 비생산적인 일을 할 수 있는 특정 시간이 주어진다고 상상해보자. 당신은 이 시간 동안 일정한 성과가 생기는 것과 상관없이 탐험해 보고, 새로운 아이디어를 실험해 보며, 새로운 방법을 시도해 보는 것 등을 할 수 있고 심지어 동시에 여러 개를 진행할 수도 있다. 당신 스스로에게 이러한 자유를 부여하지 못할 이유는 어디에도 없다. 당신이 즐길 수 있는 시간을 정하되, 당신이 우선순위 프로젝트를 등한시하게 되는 것을 걱정하지 않도록 너무 길게 설정하지는 말자. 나는 40분 정도를 권장하지만, 프로젝트(들)의 성격과 당신이 낼 수 있는 시간 등을 고려하여 더 길게 혹은 짧게 정할 수 있다. 시간을 정했다면 이제 시간을 재고 그 시간을 갖도록 하자! 언제든지 이러한 틈새 시간을 당신에게 부여할 수 있지만, 나는 당신이 우선순위 프로젝트에 대해 어느 정도 흡족할 만큼의 일을 하고 난 오후 늦은 시간을 권장한다. 열심히 일한 보상처럼 여기는 것도 좋다.

어느 것에 집중할 것인지 결정하는 핵심

- 선택이라는 것은 무섭지만 그 선택들이 항상 영원히 지속되는 것은 아니기 때문에 이러한 이유로 우리 스스로에게 제한을 두지 말자.

- 당신이 관심거리에 매진할 때, 계약을 맺었다는 생각보다는 탐험을 한다는 생각을 가지자.

- 당신이 어느 것에 집중해야 좋을지 결정함에 있어 관심거리를 두 개의 범주로 나누는 것이 도움이 된다. 즉, 우선순위 프로젝트와 대기 중인 프로젝트로 말이다.

- 만약 당신이 새롭게 탐험해 볼 것들이 생겼다면 대기 중인 프로젝

트에 추가하자.

- 만약 우선순위 프로젝트 중에 하나가 마무리될 준비가 되었다면, 대기 중인 프로젝트들 중 하나로 대체하는 것을 고려해 보자.
- 당신이 정말로 하고 싶은 프로젝트가 대기 중 프로젝트에 있다면, 틈새 시간을 설정하자. 단 너무 많은 시간을 틈새 시간으로 보내지 않도록 한다. 여러 가지 동시에 진행해도 좋고 이것저것 시도해보는 것도 좋으며 그 밖에 비생산적인 것들도 상관없다.

시간은 내는 것

지금까지 우리는 많은 선택을 해왔다. 이제 우리의 모든 눈부신 프로젝트들을 어떻게 우리의 삶에 맞출 수 있는지 알아보자.

일하는 시간

누구나 하루 중 가장 집중력이 좋고 창의력이 풍부한 시간대를 가지고 있다. 우리는 이렇게 최적화된 시간대에 가장 중요한 프로젝트를 진행하는 것이 좋다. 마찬가지로 하루 중 가장 힘이 없고 아무것도 할 수 없을 것 같은 시간대가 있다. 나 같은 경우는 오후 4시경이 그렇다. 중요한 마감이 다가오거나 무언가 만들어내야 하는 것이 있다면 억지로 할 수는 있겠지만, 나의 뇌는 훨씬 더 느리게 돌아간다.

당신 몸에도 주의를 기울이자. 하루 종일 어떤 기분인가? 당신의 창의력과 기운과 관련한 리듬을 기록하기 시작하자. 언제 가장 흥미로운 기분을 느끼는가? 언제 뇌가 멈춰버린 느낌이 드는가? 시간대마다 하고 싶은 특정한 형태의 활동들이 있는가? 창의적인 작업은 아마도 오전이 가장 적기일 수도 있고 관리나 협업과 같은 일은 오후에 더 잘 흘러갈 수도 있다. 또는 다른 사람들이 모두 잠자리에 드는 늦은 시간에 프로젝트에 빠져드는 것을 좋아할지도 모른다.

잠깐 주의할 점을 말한다면 나는 당신이 프로젝트를 진행하기 전에 어떤 영감을 받을 때까지 기다리라고 주장하는 사람이 아니다. 단지 하루 중에 당신이 가장 집중이 잘 되는 시간대를 확인하고 그것들을 일과 함께 나란히 배치하라는 것이다. 창조력과 당신의 프로젝트의 진전을 만드는 핵심은 그것들을 습관과 같이 생각하는 것이다. 즉 그것 자체를 무언가 정기적으로 하는 것으로 보는 것이다. 영감이 느껴지는 순간은 분명 존재한다. 하지만 그건 당신이 이미 무언가를 정기적으로 진행하고 있어야만 일어나는 일이다. 영감을 받을 때까지 기다리는 것은 단지 위장된 저항일 경우가 많다. 우리는 이번 장 후반부에 무서운 저항의 괴물에 맞서는 전략을 다룰 것이다.

바쁘거나 융통성 없는 일정은 어떻게 할까?

이상적인 세상에서는 매일매일 일하는 시간을 우리의 기운과 창의력 리듬에 맞출 수 있을 것이다. 하지만 현실에서 우리 대부분은 바쁜 일과를 보내고 있다. 우리는 방치할 수 없는 의무들과 진전시키고자 하는 관계들을 가지고 있다.

또 항상 가장 기운이 넘치는 시간대에 프로젝트를 진행할 수 있는 것도 아니다. 만약 일정이 우리를 가장 최적화된 시간대에 일하도록 허락하지 않는다면 혹은 충분한 시간을 허락하지 않는다면, 우리의 우선순위 프로젝트는 언제 진행해야 좋을까? 대답은 바로 아무 때, 그것을 할 수 있을 때이다.[39]

회계사에서 건축제도사를 거친 사업가 로리 스탈터Lori Stalter는 점심시간에 그녀의 사업을 구상했다. 그녀는 매일 정오가 되면 그녀의 사무실을 나와 근처 공원으로 차를 몰고 나갔고, 차안에서도 계속해서 일했다. 괜찮은 직장에 다니고 있는 마이크 펌프리Mike Pumphery는 매주 토요일 아침마다 금융 관련 개인 블로그를 지난 4년간 관리해 오고 있다! 그는 아침에 일어나 좋아하는 카페로 가서 블로그 포스트와 뉴스 기사를 쓰면서 몇 시간을 보낸다. 그건 그만의 주말 의식이다. 자신들의 프로젝트에 있어 진전을 만드는데 어려움을 겪는 어떤 사람들은 남들보다 일찍 일어나거나 남들이 잠자리에 든 시간보다 한 시간에서 두 시간까지 더 밤을 지새우기도 한다. 이 방식이 이상적이라고는 할 수 없지만 지금으로서는 당신이 할 수 있는 최선일지도 모른다.[40]

이 책의 목표 중 하나는 당신이 조금 더 통합적인 직장 생활을 설

---

39 이러한 조언은 건강 문제로 힘들어하거나 정서적으로 힘든 시기를 보내는 사람들에게도 적용될 수 있다. 당신이 일을 할 수 있는 기분일 때 일하라. 그리고 이러한 경우일수록 특히 당신 스스로가 너무 힘들어하지 않도록 노력하라.

계할 수 있도록 돕는 것이다. 그리하여 당신이 다재다능한 능력을 쌓고 단조롭고 실망스러운 일들을 최대한 제거할 수 있도록 하는 것이다. 이러한 과정은 시간과 실험, 그리고 어떤 경우에는 회피와 전환을 필요로 하기도 한다. 가장 창의적인 에너지가 넘치는 시간대에 우선순위 프로젝트를 진행하도록 노력하자. 하지만 가장 이상적인 시간에 일할 수 없어 타협을 해야만 한다면 그렇게 해도 좋다. 로리나 마이크처럼 당신 자신만의 의식을 만들고 정말로 열심을 다해 당신의 프로젝트를 진행하기 위해서 그 시간을 사용하도록 하자.

당신의 시간을 구조화하기

우선순위 프로젝트에서 진전을 만들기 위해 당신의 시간을 구조화하는 방법은 여러 가지가 있다. 당신은 당신이 얼마나 바쁜지, 일정은 얼마나 유연한지, 컨디션이 온종일 어떤 수준이며 프로젝트의 성격은 어떤지, 그리고 당신이 그 프로젝트를 얼마나 진지하게 원하는지 등을 포함한 몇 가지 요소에 따라 다른 선택을 할 수 있다.

여기 다능인들이 시간을 구조화하는 일반적인 방법이 있다. 언제나 그렇듯이, 이러한 도구들을 당신에게 맞도록 자유롭게 조합하고 변형하도록 하자.

---

40 나는 좋아하는 것들을 위해서 직장을 관둔 많은 친구들 사이에서 흥미로운 현상을 발견했다. 직장을 관두기 전에 그들은 프로젝트를 진행하기 위해서 모든 가능한 시간을 활용했다. 하지만 직장을 그만둔 후 그들은 자유 시간의 바다에서 길을 잃은 자신들을 발견하게 된다. 그들은 하루 전체를 사용할 수 있게 되었고 결국 시간을 낭비하게 되었으며 훨씬 덜 생산적으로 행동했다. 그리고 나서야 친구들은 자신들을 위한 경계선을 만드는 법을 배우게 되었다. 이는 하나의 흥미로운 교훈이다.

유동적인 일정

어떤 다능인들은 너무 융통성 없는 일정을 따르는 데 어려움을 겪는다. 유동적인 일정이란, 생산성을 위한 직관적인 방법이며 한 번에 하나의 프로젝트에 집중하는 능력과 조화를 이루는 방법이다. 이는 다음과 같이 작용한다.

당신에게 지금 우선순위 프로젝트를 할 수 있는 얼마간의 자유시간이 생겼다고 해보자. 아마 30분이 될 수도 있고 4시간 혹은 하루 전체가 될 수도 있다. 얼마만큼의 시간이 생겼는지와 상관없이, 당신의 우선순위 프로젝트를 생각하는 것부터 시작하자. 만약 당신이 그 프로젝트들의 리스트를 벽에 붙여 놓았다면 다시 한번 살펴보자. 당신은 어느 프로젝트를 지금 당장 하고 싶은가? 당신은 아마 다음과 같은 것을 고려할 것이다.

- 당신이 가장 원하는 것
- 가장 급한 것
- 어떤 이유와 상관없이 당신의 관심을 끄는 것

프로젝트를 선택했다면 이제 시작하자! 일단 해당 프로젝트를 시작하면 다른 일을 병행하지 말고 오직 그 프로젝트에 대한 열의가 식거나, 마무리가 되거나, 혹은 설정한 시간이 끝날 때까지 진행하도록 하자.

이 순간에 당신은 다음의 것들을 할 수 있다.

- 휴식을 취한 후 다시 같은 프로젝트를 진행한다.
- 완전히 그만둔다.
- 다른 우선순위 프로젝트로 변경한다(당연히 그 전에 휴식을 취해도 된다).

이것이 유동적인 일정에 대한 모든 것이다. 프로젝트를 진행하다가 열의가 식게 되면 휴식을 취하고 다시 이어서 계속 진행하거나, 멈추거나 또는 다른 우선순위 프로젝트로 변경하는 것이다. 만약 대기 중인 프로젝트들 중에 정말로 해보고 싶은 것이 있다면, 틈새 시간을 가지는 것 역시 가능하다.

준비된 일정

어떤 다능인들은 미리 다양한 수준의 자세한 일정을 계획하는 것을 좋아한다. 우리의 인생에는 조금 더 구조적인 방식을 택함으로써 이득을 볼 수 있는 순간들이 있다. 나는 보통 유동적으로 일정을 관리하지만, 많은 수요나 마감이 발생하게 되면 가끔 하루나 일주일 단위의 일정을 그려보곤 한다. 준비된 일정을 만들면 특정 프로젝트를 위한 시간을 미리 할당할 수 있고 프로젝트를 이룰 수 있다는 자신감이 커질 것이다.

어떤 다능인들은 매일매일 사용할 정기적인 일정을 만들기를 좋아한다. 이것을 재미있게 하는 방법 중 하나는 바버라 셔의 '학교생활 설계 모델'을 사용하는 것이다. 이 모델에서 당신은 학생이 각 시간대마다 다른 수업을 들어가듯 당신의 하루를 구조화한다. 한 가지 다른 점은 '수업' 대신에 당신의 프로젝트를 진행하는 것이다. 예를 들면,

오전 9시 ~ 오전 11시 : 청소년 소설 쓰기

오전 11시 ~ 오후 3시 : 상담 사업 계획하기

오후 3시 ~ 오후 3시 40분 : 틈새 시간

저녁 : 일본어 배우기

시간의 길이는 당신 일정에 포함된 프로젝트 수에 따라서 자유롭게 조정할 수 있다. 이렇게 하면 결국 학교 일정표는 당신의 언어로 완전히 바뀌게 된다!

프로젝트 몰입

매년 11월이 되면 전 세계 수십만 명의 사람들이 5만 단어를 이용한 소설을 쓴다. 이는 '국제 소설 쓰기의 달'이라는 것으로, 머릿속에 있던 이야기를 소설로 끄집어낼 수 있는 절호의 기회이다. 나는 친구인 레나 훈데르트 Rena Hundert 와 함께 다른 영역에서도 이러한 발상을 시도해 보기로 결정했다. 우리는 대학에서 함께 음악 연주를 했었고 항상 함께 앨범을 제작하고 싶어했다. 그 이후로 거의 10년이 흘렀지만 바쁜 삶이 그 길을 막고 있었다. 코미디언이자 즉흥 연주자인 그녀와 나는 서로 다른 프로젝트들로 바빴고 정반대 방향에 위치한

지역에서 살고 있어 도저히 그 생각을 실행에 옮길 수 없었다. 어느 날 가족을 방문하기 위해 몬트리올로 돌아 왔을 때 레나와 나는 한 달간 노력해 보기로 결심하고(후에 이것은 약 6개월이 되었다) 한 달간 함께 곡을 쓰고 녹음을 하면서 시간을 보냈다.[41] 우리는 이런 시간을 다른 도시에서 최근 3년간 두 번 가졌는데 항상 치열하고 기쁨이 넘치는 경험이었다. 우리 둘 중 누구도 전업으로 연주를 하고 싶어하지는 않았지만, 가끔은 밴드가 되는 경험을 하고 싶어했다. 그리고 한 달간 진행되는 집중적인 작업은 그러한 경험을 선사했다. 또한 앨범 제작은 특정 결과물이 나오는 활동이라는 점 그리고 한 달이라는 마감을 우리 스스로에게 설정했다는 사실 역시 우리가 프로젝트를 지속할 수 있도록 도와주었다.

몰입하는 방식을 취하기 위해 한 달 안에 앨범을 제작하거나 소설을 쓰는 것처럼 치열하게 할 필요는 없다. 한 달, 한 주 혹은 주말이라도 어떤 프로젝트를 위해 얼마간의 시간을 사용하는 것은 진정한 진전을 이루어내는 강력한 방법이다.

제7장에서 본 것과 같이, 어떤 다능인들은 다른 분야로 전환하지 않고 하나의 분야나 프로젝트에 몇 달 혹은 몇 년간 몰입하기도 한다. 이 방법은 모두를 위한 방법이 아니고 6개월 계약이나 4년 주기를 다짐한 다능인을 위한 것이다. 만약 당신이 순차적으로 다가온

---

41 결과물은 다섯 곡이 수록된 EP였다. 하지만 길이와는 별개로, 녹음을 마친 것 자체가 우리에게는 자랑스러운 순간이었다!

특정 범위의 끝에 와 있다면, 매일매일에 대한 일정을 세울 필요는 없을 수도 있다. 당신의 이상적인 업무 형태는 하나의 우선순위 프로젝트에 대해 개인적인 종료 시점에 도달할 때까지 진행하듯 단순한 것일 수 있다.

시간 내기의 요령

- 당신의 창의력이 가장 샘솟는 시간대에 우선순위 프로젝트를 진행하도록 하자.

- 만약 일정이 허락하지 않는다면, 당신이 할 수 있는 시간에 진행하자. 일찍 일어나고 늦게까지 일하고 점심시간과 주말을 이용하면 된다.

- 일하는 시간을 구조화하는 방법은 여러 가지가 있다. 어떤 다능인들은 유동적인 방법을 사용하는 반면 다른 이들은 미리 일정을 계획하는 것을 선호한다.

- 가끔은 특정 기간 동안 하나의 프로젝트에 몰입하는 것이 성과를 내는데 효과적인 방법이 될 수 있다.

- 당신이 일을 순차적으로 진행하는 성격이라면, 하루에 대한 일정을 세우지 말고 하나의 우선순위 프로젝트에 집중하는 것이 더 나을 수도 있다.

그만둘 때는 언제일까

'중도 포기자'라는 단어는 상당히 좋지 않은 인식을 준다. 일이 어려워지면 포기하는 나약한 사람들로 여겨지기 때문이다. 그러나 흔히들 믿고 있는 것과 달리, 다능인들은 너무 어렵다고 해서 그만두는 것이 아니라 대부분 일이 너무 쉬워지기 때문에 그만둔다. 더 이상 일이 도전적이지 않다면 흥미를 잃고 새로운 분야를 탐험해보고 싶어 한다.

외부에서 볼 때 '그만두는 것'으로 보이는 것이, 사실 다능인에게는 '마무리하는 것'일 수도 있다. 바버라 셔는 스캐너들, 즉 다능인들이 마무리의 정의를 대부분의 사람들과는 다르게 한다고 설명한다. 대부분 마무리라는 것은 학위를 취득하거나 한 분야에 일생을 바치는 것과 같이 외형의 종결 지점에 도달하는 것이다. 이는 마무리를 '죽음이 우리를 갈라놓을 때까지(혹은 은퇴가 우리를 갈라놓을 때까지)'로 정의하는 것이다. 반면에 다능인들은 애초에 시작할 때 얻고자 했던 것을 얻게 되면 끝이 난다. 바버라는 이렇게 말한다.

당신이 무언가에서 흥미를 잃어버리면, 당신은 항상 애초에 시작할 때 얻고자 했던 것을 얻었을 가능성을 생각해 봐야 한다. 당신은 당신의 임무를 마친 것이다. (중략) 그래서 당신은 흥미를 잃은 것이다. 당신이 결함이 있거나 게을러서 혹은 집중할 수 없어서 그런 것이 아니라, 마무리를 했기 때문이다.

개인적인 종결 지점

당신이 애초에 시작할 때 얻고자 한 것을 얻었다면, 당신은 이미 개인적인 종결 지점에 도달한 것이다. '얻고자 했던 것'은 프로젝트의 끝 혹은 기술 습득, 숙달했다는 느낌, 혹은 자기 자신을 창의적으로 표현할 수 있게 된 것과 같이 더 개인적인 무언가가 될 수 있다. 나는 한번 자신의 다양한 관심사들 중에서 문법을 좋아한다고 말하는 학생을 만난 적이 있다. 그녀는 일을 시작하고, 암호를 풀고, 숨겨진 패턴, 언어, 연극에서 쓰이는 대사들이 어떻게 작용하는 것인지 이해하는 것을 즐겼다. 문법을 이해하게 되자 그녀는 지루해지기 시작했다. 그녀의 개인적인 종결 지점에 도달한 것이다. 당신이 종결 지점에 도달했다는 것을 알 수 있는 다른 방법은 당신의 '왜'에 대해 생각해 보는 것이다. 만약 당신이 흥미를 잃어버렸다면, 당신을 그 주제로 이끈 것이 무엇이었든, 이미 당신은 그것을 경험했거나 성취했을 가능성이 크다. 그리고 또한 당신이 다른 주제로 옮겨갈 준비가 되었다는 의미가 된다.

저항이라는 괴물

당신은 개인적인 종결지점에 가까워질수록, 점점 더 지루함을 느끼게 될 가능성이 높다. 지루함이란 당신이 다른 주제로 옮겨갈 때라는 것을 마음이 당신에게 알려주는 방법이다. 하지만 지루함과 두려움의 증상과 상당히 유사한 또 다른 힘이 존재한다. 바로 저항이라는 것이다. 저항은 우리를 안전하게 지키고자 하는 우리 안에 존재하는 힘이다. 그 힘은 우리가 무언가를 바꾸거나, 무리를 한다면, 비록 그것이 창조적인 것이라도 위험을 감수하는 행동을 막으려고 한다. 저항은 고귀한 의도를 가지고 있지만 우리가 행동으로 옮기는 능력에 진정 방해가 될 수 있다. 작가이자 역사학자인 스티븐 프레스필드 Steven Pressfield 는 그의 저서인 『최고의 나를 꺼내라 The War of Art』에서 저항이란 두려움, 자기 태만, 꾸물거림, 그리고 자기 비하 등 여러 가지 형태가 될 수 있다고 말한다. 그리고 "어떤 요구나 행위가 우리 영혼의 진화에 중요한 것일수록 그것을 추구함에 있어 더 강한 저항을 느끼게 될 것이다"라고 한다.

당신이 진행하고 있는 프로젝트에서 도전의식이나 영감을 느끼지 못하기 시작했다고 하자. 이것이 당신의 개인적인 종결 지점에 도달한 것인지, 아니면 무서운 저항의 괴물이 단지 아주 중요한 이 프로젝트를 당신이 하지 못하게 하기 위해서 무엇을 하고 있는 것인지 어떻게 알 수 있을까?

이 두 개의 힘을 구별하는 방법은 당신이 육체적으로 감정적으로 어떻게 느끼는지 주의를 기울이는 것이다. 저항과 개인적 종결 지점은 당신의 몸에서 다르게 느껴진다. 저항은 보통 빠르고 아주 강렬하게 나타난다. 그것은 당신으로 하여금 당장 그만 두고 싶게 만든다. 반면에 기본적으로 마무리한 지점에서 필요로 하는 모든 것을 성취했거나 배우게 되면 당신은 개인적인 종결 지점을 점점 의식하게 된다. 이러한 동요가 천천히 다가오며 옮겨갈 준비가 되었다는 상황에 대해 우리는 종종 무시하려고 한다. 저항은 무시하는 것이 불가능하다. 저항은 종종 두려움, 자기회의 그리고 불안을 동반하지만, 아직 흥미로움과 열정은 여전히 그 아래 존재하고 있다. 당신의 종결 지점에 도달했을 때, 당신은 두려움을 느낄 수도 있겠지만(두려움은 종종 변화를 동반한다), 프로젝트에 대한 흥미로움과 열정은 보통 희미해져 있다.

여기 개인적인 종결 지점을 저항과 구별하는데 도움을 주는 몇 가지 단서들이 있다.

- 지루함을 느끼면서도 흥미로움을 느끼는가? 아니면 단지 지루함인가?
- 당신의 프로젝트에 대해 공황상태에 빠진 느낌인가, 아니면 좀 더 둔하게 느껴지는 통증 같은 느낌인가?
- 그만두고 싶은 생각이 당신에게 슬그머니 다가왔는가, 아니면 걷잡을 수 없이 밀려왔는가?
- 이 프로젝트와 관련하여 당신 자신이나 능력에 대해 자신이 없다고 느끼는가?
- 이 프로젝트가 지금 얼마나 도전적인가? 그리고 처음 시작할 때는 얼마나 도전적이었는가? 당신은 지금 어려움을 느끼고 있는가? 아니면 쉬워지고 있거나 이미 너무 쉬운가?

만약 당신이 흥미로움과 두려움을 느끼고 있고, 그만두고 싶은 생각이 갑자기 들었으며, 자신이 없다고 느껴지고, 현재 당신의 프로젝트가 도전적이라면, 당신이 느끼고 있는 것은 저항일 가능성이 있다. 잠시 기다렸다가 당신의 프로젝트를 계속 진행하자. 만약 그러한 기분이 훨씬 길게 꾸준히 든다면[42], 언제든지 다시 검토할 수 있다.

그만둘 때를 안다는 것

- 다능인들은 너무 어려워질 때 그만 두는 것이 아니라, 너무 쉬워질 때 그만둔다.

- 대부분 사람들에게 마무리라는 것은 외형의 종결 지점을 의미한다. 반면에 다능인들은 애초에 얻고자 하는 것을 얻게 되었을 때 마무리를 한다.

- 당신이 얻고자 했던 것을 얻게 되면 개인적인 종결지점에 도달한 것이다.

- 저항이란 있는 그대로를 유지하도록 하는 우리 안에 존재하는 힘이다. 그것은 꾸물거림과 자기 태만을 야기할 수 있다.

- 개인적인 종결 지점과 저항을 혼돈하기 쉽다. 둘 다 지루함, 두려움, 불안감을 느끼게 만든다.

- 당신이 느끼는 것이 저항인지 개인적인 종결 지점인지를 결정하는 방법은 당신 몸이 어떻게 느끼는지 주의를 기울이는 것이다. 시간이 흐름에 따라 신호들을 확인하는 법을 배우게 되고 해당

---

42 저항은 절대 사라지지 않는다는 것을 명심하자. 그것은 진정되기는 하지만 이따금 다시 나타나는 귀찮은 성향을 가지고 있다. 특히 과감하게 우리 스스로를 더욱 집중하도록 하는 중요하고 흥미로운 일을 할 때는 더욱 그렇다.

프로젝트를 계속 진행할지 새로운 모험을 할지 결정할 수 있게 된다.

아는 것과 시작하는 것의 차이

당신이 해야 하는 일을 아는 것과 그 일을 시작하는 것은 큰 차이가 있다. 후자가 더 어렵고 가끔은 몹시 괴로운 일이 될 수도 있다. 당신은 그야말로 마치 당신이 가장 좋아하는 프로젝트를 하고 있는 듯 스스로를 속여야 하는 것처럼 느낄 수도 있다. 여기 당신이 꾸준하게 당신의 프로젝트들을 발전시켜 나가도록 도와줄 도구들이 있다. 이는 저항을 없애주는 해결책이기도 하다.

긍정적인 마음을 가지자

가끔 당신은 눈을 반짝이며 기운차게 일어나, 열정적으로 특정 프로젝트를 진행한다. 또 어떤 때에는 아주 무기력한 상태로 일어난다. 프로젝트를 진행한 지 몇 개월이 지난 어느 날 자신이 더 이상 흥미를 가지고 책상을 향해 달려가고 싶어하지 않는다는 것을 깨달았다면? 이는 당신이 더 이상 프로젝트를 진행하고 싶어하지 않는다거나 그 프로젝트를 더 이상 좋아하지 않는다는 것이 아닐 수도 있다. 그건 아마 당신 스스로 약간의 인위적인 영감을 만들어 내야 할 때가 왔다는 것을 의미할 지도 모른다.

긍정적으로든 부정적으로든, 우리가 하는 행동은 우리의 기분을 만들어 낸다. 특히 규칙적인 행동이나 의식들이 우리의 창조적인 기분과 연결되어 있다면, 반사적인 영감을 제공할 수 있다. 어떤 사람들은 아침마다 특별한 행동을 하면서 창의적인 마인드컨트롤을 한다. 또 하루 중 어느 때든 상관없이 일을 시작하기 전에 의식을 가지는 사람들도 있다. 그 의식의 일부로 혼자 또는 함께 해볼 수 있는 도구들이 여기 있다.

- 명상 : 타이머를 5분 정도 맞추고 시작한다. 육체적인 느낌에만 집중하자. 이는 당신의 숨소리가 오르락내리락 하는 기분일 수도 있고 당신 머리부터 발끝까지 각 부분의 육체적인 느낌일 수도 있다. 어떤 생각이 떠오른다면, 그 생각을 받아들이고 나서 당신의 초점을 다른 육체적 느낌으로 전환하자. 만약 처음 시작하는 것이라면, 음향 매체나 명상 앱 등 명상 도구의 사용을 권장한다.[43]
- 운동 : 운동은 뇌의 혈류와 산소공급을 증가시켜 집중하기 수월하도록 해준다. 머리는 그만 쓰고 어떤 육체적인 활동으로 당신의 몸을 사용하자. 진지하게 하든 여가 활동으로서든 당신이 원하는 만큼 말이다. 걷기, 뛰기, 수영, 자전거, 요가 등 당신에게 맞는 것을 하면 된다. 뜻밖의 즐거움도 있다. 운동을 하고 나면 피곤하기 때문에 일을 하기 위해 의자에 앉는 것이 오히려 휴식으로 느

43　나는 헤드스페이스(Headspace)앱을 좋아한다.

꺼지게 될 것이다.

- 감사 : 수행으로서 감사하기는 최근 많은 관심을 받고 있으며, 어느 정도 전문적인 용어가 되었다. 하지만 많은 사람들이 감사하기에 대해 이야기하는 이유가 있다. 무엇인가 감사할 것을 생각하는 과정은 실제로 당신의 기분을 더 좋게 만든다. 당신이 감사하는 것 10가지를 생각해 보아라. 당신의 프로젝트/열정/경력과 관련한 감사함을 생각한다면 더 좋다. 목록들을 단지 나열만 하지 말고 실제로 시간을 가지고 감정을 느끼도록 노력하자.

- 상상 : 당신의 우선순위 프로젝트들에 대해 하나씩 생각해보자. 그것을 완수하기 위해 필요한 모든 과제들을 생각하지는 마라. 대신 큰 그림에 초점을 맞추자. 만약 당신이 티셔츠 사업을 구상 중이라면, 사업을 시작하는 첫날의 기분이나 처음으로 판매했을 때의 기분을 상상해 보자. 만약 당신이 소설을 쓰고 있다면, 누군가 당신의 책을 읽고 있는 모습이나 크게 감동을 받는 모습을 그려보자. 또한 당신은 제3장에서 했던 '완벽한 날' 연습을 가지고 그날을 사는 기분이 어떠할지 상상해 볼 수도 있다.

- 환경 조성하기 : 창의력을 높여주는 환경을 만들기 위해서 무엇이든 해보자. 책상을 정리하거나, 도구들을 펼쳐놓고 정돈하거나, 양초를 켜거나, 아니면 당신의 공간과 친숙해지는 방법 등이 있다.

다음 단계에서 할 수 있는 작은 활동은 무엇일까?

당신이 프로젝트를 위해 해야 하는 모든 것들을 생각하게 되면 미리부터 압도당하기 쉽다. 큰 그림에 집중하는 대신에 곧장 시선을 다음 단계로 옮겨보자. 당신이 야간에 운전을 하고 있다고 상상해 보자. 차량 조명은 당신의 경로 전체를 비출 필요가 없다. 당신은 어둠속을 전진하기 위한 대략 60미터 정도만 볼 수 있으면 된다. 당신의 프로젝트를 진전시키기 위해 지금 당장 실행할 수 있는 하나에서 세 가지 정도의 작은 활동에는 무엇이 있을까?

타이머 설정하기

타이머는 아마도 생산성을 위한 가장 저평가된 도구일 것이다. 여기 타이머를 잘 활용하는 몇 가지 방법이 있다.

- 포모도로 기법 : 이 기법은 1990년대 초 작가이자 사업가였던 프란체스코 시릴로Francesco Cirillo에 의해 개발되었다. 그가 토마토 모양의 부엌 타이머를 사용했기 때문에 '포모도로(이탈리아어로 토마토라는 뜻이다 – 옮긴이)'라는 이름이 붙었다. 이 기법은 당신이 덜 산만해지도록 하기 위해서 프로젝트를 짧은 단위의 시간으로 쪼개서 일하는 것이다. 다음과 같이 말이다.

1. 타이머를 25분에 맞추고 이 시간 동안 하나의 프로젝트를 진행한다. 이렇게 하면 하나의 포모도로를 완료한 것이다.
2. 5분간 휴식을 취한다.
3. 1번과 2번 단계를 반복한다. 4번의 포모도로를 완료하게 되면

25분간 휴식을 취한다.

이것이 전부다. 필요에 따라 더 길거나 짧게 혹은 구성을 달리 할 수 있다. 나는 가끔 이 기법을 사용해서 일을 시작하고, 몇 번의 포모도로 후에는 더 긴 시간 동안 집중력을 유지하며 타이머에 대한 것을 잊어버린다.

- 5분간 미친 듯 일하기 : 만약 시작하는데 어려움을 겪고 있다면, 타이머를 5분간 맞추어 놓고 프로젝트들 중에 하나를 미친 듯이 정말 열심히 하라. 5분이 지난 후에는 하던 것을 멈춘다. 이렇게 분위기를 한번 깨버리면, 당신은 계속하고 싶어하는 자신을 발견하게 될 것이다(하지만 정말로 그만 두는 것도 상관없다).
- '무엇을 먼저 하든' 기법: 얼마간의 시간 동안 타이머를 맞추고 당신이 일을 마치거나 타이머가 울리게 되면 둘 중 어느 상황이 먼저 발생하든 상관없이 일을 멈추는 것이다. 나는 이 기법을 법대에 다니는 동시에 TV 대본을 쓰던 때 사용했다. 매일 나는 타이머를 40분에 맞추고 한 장면에 대한 대본을 마무리하거나 타이머가 울리면 어느 상황이 먼저 발생하든 일을 멈출 수 있도록 했다.
- 그냥 타이머를 맞추기 : 이 방법은 복잡하지 않다. 타이머의 시간을 얼마나 길게 맞추는지는 그다지 상관이 없다. 단지 타이머를 맞추는 것만으로도 종종 당신이 행동하도록 만들기에 충분하다.

상태 몰입을 유도하기

당신은 프로젝트에 너무나 몰두한 나머지 마치 세상은 사라지고 당신과 당신의 일만 남은 것처럼 보였던 경험이 있는가? 당신은 행복감, 충만함, 그리고 차분함을 느꼈다. 당신의 업무 흐름은 아주 고무적이었고, 그것은 마치 창조의 신들이 당신을 통해서 말을 하고 있는 듯했다. 아마도 당신은 마침내 시계를 보게 되었고 단지 20분밖에 지나지 않았다거나 몇 시간이 순식간에 지나갔다는 사실에 놀라움을 금치 못했을 것이다. 내가 여기서 묘사하는 것은 심리학자 미하이 칙센트미하이Mihaly Csikszentmihalyi가 몰입이라고 부르는 상태이다. 그는 이에 관한 저서인 『몰입Flow: The Psychology of Optimal Experience』에서 '사람이 어떤 활동을 수행하는 과정에서 강한 집중력과 완전하게 몰두하며 즐기는 느낌에 완벽하게 빠져든 정신적 상태'라 묘사했다. 짧게 말해, 우리는 몰입의 상태에서 가장 행복하고 가장 생산적이다.

다능인들은 조사하고, 실행하고, 무엇이든 되고 싶어한다. 하지만 우리의 시간은 제한되어 있다. 몰입의 상태를 마음대로 유도하거나 혹은 최소한 조성하는 방법을 안다는 것은 아주 큰 자산이다. 몰입의 상태는 가끔 아무런 노력이 필요치 않을 때도 있지만, 어떤 때에는 상당히 빠져들기 힘든 상태다. 만약 당신 자신이 몰입의 상태에 있다면, 주의를 기울여보자. 어떠한 습관, 의식 그리고 환경이 당신을 몰입의 상태로 이끌었는가? 이러한 요소들은 지속적으로 지금이 바로 일할 시간이라고 당신의 뇌에 신호를 보낼 수 있게 될 것이다.

개인적으로 나는 아침에 뜨거운 커피 한잔과 함께 커피숍에 있을 때 가장 생산적이다. 그리고 만약 여분의 힘이 더 필요하다면 음악을 틀지 않은 채 이어폰을 착용한다. 희한하지 않은가?

당신만의 'C'를 주목하라

나는 리오 바바우타Leo Babauta의 저서 『집중Focus』에서 처음으로 '세 개의 C'에 대해 배웠는데, 이는 매우 유용한 개념이기도 하다. 그 원리에서 말하는 것은 대부분 우리의 활동은 '창조creating', '연결connecting', 그리고 '소비consuming'라는 세 개의 범주로 나누어 질 수 있다는 것이다. 창조는 무언가 새로운 것을 실제로 만들어내는 것을 말한다. 연결이란 다른 이들과 소통하는 것을 의미하며 이메일에 답장을 하거나 SNS에 글을 올리는 행위를 포함한다. 소비란 연구를 한다거나 학습을 포함하는 모든 행위를 말하며 책이나 기사 읽기, 영화보기, 팟캐스트 청취하기 등과 같은 활동이 될 수 있다. 세 가지 범주는 모두 중요하다. 하지만 최고의 결합을 얻기 위해서는 다음의 조합 법칙을 따르는 것이 좋다. 연결은 소비 활동과 결합될 수 있지만 절대 창조 활동과 다른 활동을 결합해서는 안 된다. 이는 당신이 이메일을 확인하고, 좋아하는 블로그를 읽고, 팟캐스트를 들으며 여러 가지 책들을 접하는 모든 활동을 동시에 할 수 있지만, 이러한 활동을 창조 활동과 결합하면 효과적이지 않다는 의미다.

힘든 날을 위한 특별한 도구들

어느 날, 우리는 아무 이유 없이 일을 시작하기 힘들 때가 있다. 여기 당신이 일을 마무리하는 데 힘든 시간을 보내고 있을 때 도움이 될 몇 가지 추가 전략들이 있다.

당신의 기대치를 낮춰라

우리들 중 상당수가 매일 아침 무서울 정도로 긴 작업 목록을 작성하는 경향이 있다. 만약 목표치를 달성하지 못했다면, 긴 작업 목록은 우리 스스로에 대한 기분을 처참하게 만들 수 있다. 크리스 길아보Chris Guillebeau는 "우리는 하루에 우리가 성취할 수 있는 것에 대해서 과대평가하지만, 1년 안에 할 수 있는 것에 대하여는 과소평가 한다"고 지적한다. 당신이 그날 끝내고 싶은 천 가지의 일을 적는 대신에, 당신의 우선순위 프로젝트 중 한 개에 대해 괜찮은 정도로 일을 끝내는 것이 마무리라고 자신과 약속하자. 물론 일이 마무리가 되어도 계속 일을 이어갈 수 있다. 하지만 나머지는 여분의 일이며 당신이 원하는 대로 하면 된다!

당신의 작은 승리들을 추적하라

우리는 우리가 달성하지 못했던, 마무리하지 못했던, 잘못된 것들을 보는 탁월한 능력을 가지고 있다. 그러면서 우리가 달성한 것들을 인지하는 능력은 훨씬 떨어진다. 심지어 우리는 가끔 승리를 인정하는 것이 그것을 사라져 버리게 할 것이라는 두려움 때문에 우리의 승리들을 살펴보는 것조차 두려워 할 때가 있다.

여기에는 진화학적 이유가 있다. 우리는 긍정적인 것보다는 부정적인 것을 더욱 인지하도록 만들어져 있다.[44] 생각해보자. 만약 당신이 항상 잠재되어 있는 문제들을 조심한다면 숲속에 숨어 있는 사자들을 알아채거나 폭풍이 몰아치기 전에 음식을 비축하게 될 것이다. 진화적으로 영향을 받은 이 반응은(저항의 괴물과 상당히 유사하게) 창조의 영역에 종종 부적절하다. 당신이 새로운 프로젝트를 시작하려고 할 때, 부정적인 것에 집중하는 능력은 그다지 도움이 되지 않는다. 부정적인 성향은 속도를 느리게 하고 우리의 성과와 스스로에 대한 나쁜 기분을 들게 한다. 우리의 성취가 얼마나 조금인지만 볼 것이기 때문이다. 이는 우리가 한 일에 대해 감사해하고 즐기는 것을 방해한다.

당신의 작은 승리들을 추적하는 것은 이에 대항할 수 있는 강력한 방법이다. 방법은 다음과 같다.

- 일기를 쓰자. 쉽게 내용이 채워져서 여백을 덜 느낄 수 있는 작은 크기를 권장한다. 이것이 당신의 공식 '작은 승리 일기'다. 다른 목적으로는 사용하지 말고 당신의 인생을 걸고 보호하자.[45]

---

44 과학적인 용어로 '부정적 편향'이라고 한다.

45 농담이다. 당신의 승리를 공유하는 것은 좋은 일이다.

- 당신의 작은 승리들이 발생하거나 각각의 업무 항목이 마무리될 때마다 기록하자.

- 다른 사람들로부터 얻은 결과나 반응보다는 당신이 수행한 것들에 집중하라. 예를 들면 "나의 기사가 잡지사에 받아들여졌다" 보다는 "나의 기사를 잡지사에 제안했다"고 쓰는 편이 더 낫다. 이 방식이 당신이 수행한 것을 기록하고 그것을 중요하게 보도록 하는 방법이기 때문이다. 당신은 다른 사람들의 반응을 제어할 수 없지만 당신이 하는 일은 제어할 수 있다. 만약 당신이 수행한 것 자체가 하나의 승리라면, 더 많은 일도 수행하게 될 것이고 또 더 나은 결과들 역시 얻을 수 있다.

- 물론 당신은 다른 사람들의 활동으로 얻은 결과 자체를 승리로 추적할 수 있다. 단 그 결과를 기다리느라 기록을 망설이지는 마라. 따라서 "나의 첫 제품을 출시했다"고 먼저 기록을 하고, 나중에 "많은 판매를 거두었다!" 라고 추가할 수 있다.

- 너무 작은 승리란 없다. 이것이 작은 승리 일기라고 불리는 데에는 이유가 있다. 만약 당신이 어느 날 자신이 성취한 것이 아무것도 없다고 느낀다면, 다음의 문장을 스스로에게 크게 외쳐보자. '좋아, 나는 오늘 아무것도 얻은 게 없는 것 같아. 하지만 만약 세 개의 작은 승리를 골라야만 한다면 무엇일까?' 처음에는 당신의 승리들이 아주 작거나 스스로 전혀 승리로 느껴지지 않아도 상관없다. 그래서 당신이 쓰고 있는 작은 이야기를 위해 수많은 목표를 세우지 않았던 것이다. 한 장의 글을 작성했는가? 아니면 반쪽

을 작성했는가? 이 또한 훌륭하니 기록하자. 기타 연습을 10분간 했는가? 이것도 또 다른 승리다. 만약 당신이 작은 승리들을 추적한다면 결국 당신이 얼마나 많이 이루어냈는지 회고할 수 있게 될 것이다.

• 당신의 작은 승리를 추적하기 가장 좋은 때는 새로운 주제를 탐험하기 시작할 때이다. 초기 단계에서는 기술이 부족해서 곤란함을 느끼거나 당신 앞에 놓인 일 더미들로 말미암아 의욕을 잃게 되는 것이 일반적이다. 작은 승리들을 인지하고 축하하는 것은 당신의 영혼을 일으켜 세우는 데 진정으로 도움이 되며 계속 전진할 수 있도록 만들어준다.

함께할 친구를 만들자

누군가 함께할 때 모든 일은 더 쉬워진다. 자신만의 프로젝트나 목표를 향해 일하고 있는, 힘이 될 친구를 찾아보자. 몇 주마다 한 번씩 만나 프로젝트의 진척 상황을 공유하고 마지막으로 만난 이후에 발생한 문제들에 대해 가볍게 의견을 나누자. 만남의 마지막에는 각자의 목표들을 세우고, 그것이 관리 가능하도록 목표가 달성되었을 때마다 서로에게 알려주자. 당신의 친구가 목표를 달성했다면 격려해주되, 달성하지 못했더라도 몰아세우지 말자. 당신의 '책임 친구' 앞에서 무언가를 약속하는 것이 그것을 마무리해야 할 충분한 동기가 되는 것을 알게 될 것이다. 주변에 책임 친구로서 좋은 누군가가 있는가? 5~10분 정도 생각해고 몇 명을 기록해서 그들에게 연락을 해보자.

그래도 안 풀린다면

이번 장에 나온 대부분의 도구는 짜증나는 저항의 괴물에 대항하는 데에도 사용될 수 있다. 당신이 정말 정체되어 있다고 느낄 때 시도해 볼 수 있는 추가적인 몇 가지 방법들이 여기 있다.

당신의 기분을 풀어주자

만약 너무나 많은 저항을 느끼고 있다면, 아마도 상당히 강렬한 두려움, 분노, 불쾌, 걱정, 불안, 짜증, 슬픔 혹은 이 모든 것에 휩싸여 있을지도 모른다. 이러한 감정들을 내보내기 위해 당신은 다음과 같이 할 수 있다.

- 성질을 내자. 농담이 아니다. 이러한 행동은 허용된다. 당신이 혼자 있을 수 있는 장소를 찾아라(주변에 죄없는 가족이나 룸메이트가 없도록 주의하자). 그리고 나서 소리치기, 발 구르기, 베개 때리기, 저주하기 등 당신이 필요로 하는 행동을 하면 된다. 매우 과장되게 말이다! 몇 분이 지나고 나면 당신의 강렬한 감정들이 진정되는 것을 보게 될 것이다. 심지어 당신을 방해한 것들에 대해 그저 웃어버리게 될지도 모른다.
- 일기. 자유롭게 작성하라. 스스로를 검열하지 말자.[46]

---

46 작은 승리 일기는 여기서 사용하지 않도록 하자!

휴식을 취하자

일이 잘 풀리지 않는다면, 휴식을 취하는 것도 좋은 방법이다. 산책을 하고, 집밖으로 나가서 몸을 움직이자. 또는 틈새 시간을 가지고 우선순위 프로젝트가 아닌 '덜 심각한' 일에 시간을 보낼 수도 있다. 물론 완전한 휴식을 취하면서 아무것도 하지 않는 것 역시 좋다. 낮잠은 영화를 보는 것만큼 환상적인 방법이다. 당신의 머리를 쉬게 하고 재충전할 수 있도록 하는 것이라면 어떠한 휴식이라도 좋다.

행동에 옮기기

이제 모든 것들을 당신만의 생산 시스템에 포함할 시간이다. 이번 장에 나온 내용들을 돌아보고 시도해보고자 하는 다섯 개의 기술을 골라보자. 당신만의 유용한 도구들을 살펴보자! 만약 당신이 아직 준비 중이거나 정체되고 있다는 느낌이 든다면, 이러한 도구들을 찾아 적용해보자. 필요에 따라 변화를 주거나 당신에게 맞지 않는 도구라면 다른 도구들로 교체하면 된다. 사람에 따라 다른 전략이 필요하기 때문에 실험을 거쳐 당신만의 것으로 만들도록 하자.

9

두려움, 불안, 그리고 우리를 이해하지 못하는 사람들

다능인들을 정말로 방해하는 것은 무엇인가? 무엇이 우리가 슈퍼 파워에 다가가고, 우리의 관심사 이곳저곳을 탐험하며 놀라운 프로젝트를 우리 인생에서 성취하는 것을 막고 있는가? 그러한 장애물 중에 하나는 경험 자원의 부족이다. 우리는 다능인이 어떻게 지속 가능하고 다양한 경력을 쌓을 수 있는지에 대해 배우지 않았다. 또 다른 장애물은 짜증나는 시간 문제인 일정과 실행 계획이다. 하지만 다능인들에게 가장 감지하기 힘들고 답답한 문제는 자기 회의감이다. 우리는 종종 세상이 우리의 능력이나 존재를 알아주지 않는 경험을 하게 된다. 우리의 존재 자체가 우리를 가장 괴롭히는 요소가 되는 것이다. 그리하여 우리는 자신의 생각들을 내려놓고 스스로를 짐작한다. 평가받는 것에 대한 두려움 때문에 더 이상 도움이 되지도 않고 맞지도 않는 경력에 머무는 것이다.

아마도 당신은 당신의 다재다능함을 육성시켜주고 격려해주는 환경에서 자라왔을 수도 있고, 그 반대의 경험을 했을 수도 있다. 당신은 아마 당신의 가족들에게 한 분야에 특화된 사람이 되라는 엄청난 압박을 받은 적이 있거나, 심지어 지금도 받고 있을 수 있다. 당신 주변의 사람들이 당신에게 하나의 길을 선택하라고 강요하지 않는다 하더라도, 그러한 압박감은 우리 문화 어느 곳에나 존재하며 따라서 우리 대부분은 어느 정도 그러한 압박감을 받고 있다. 이 믿음은 시간이나 돈과 같은 실제 장애물보다 더욱 해로울 수 있다. 이번 장에서는 다능인들에게 가장 많이 스며들어 있는 불안감을 살펴보고 우리의 다양성을 포용하지 못하도록 위협하는 내·외부적 비판들을 다루는 전략에 대해 논의해 볼 것이다. 언제든 당신이 이러한 불안과 의심을 마주하게 된다면 이 메시지를 상기하고 이 부분을 다시 읽어보도록 하자.

다능인의 고질병

우리 내면의 목소리는 종종 가장 잔인해질 수 있다. 당신이 다능인이라는 점을 이해하는 것이 자기 회의감과 이전부터 이루어졌던 불친절한 자기 자신과의 대화를 잠잠하게 하는 데 어느 정도 도움이 되었을 것이다. 하지만 우리의 다재다능함을 받아들이더라도 긴 시간 동안 쌓여온 불안감이 가끔씩 고개를 드는 것은 자연스러운 일이다. 그럼 다능인들이 가지고 있는 가장 일반적인 '질병'들 중 몇 가지를 살펴보고 우리의 성가신 내적 비판을 대하는 몇 가지 방법을 알아보자.

죄책감과 수치심

당신이 좋아하던 분야에서 개인적인 종결 지점에 도달했다는 사실을 깨닫게 되면 참담한 심정을 느낄 수 있다. 당신은 수많은 시간, 땀, 눈물 그리고 돈을 그 분야에 투자해 왔을 수도 있다. 당신은 심지어 이를 실재하는 것으로 여겼을 수도 있다. 그러다가 관심을 잃게 되면, 당신의 선택이 잘못되었다는 고통스러운 깨달음이 찾아온다.

나는 여러 번 이러한 상태에 빠졌었다. 20대에 나는 음악에 대한 흥미를 잃었고 완전히 길을 잃어버린 느낌이었다. '음악이 없다면, 나는 어떤 사람이지? 모두가 나를 음악인으로 알고 있어. 나 자신도 음악인으로 생각하고 있었어. 그런데 어떻게 음악에 대한 흥미를 잃어버릴 수 있지? 더 이상 내가 누구인지 모르겠어!' 나는 비슷한 기분을 영화에 대한 관심이 사라졌을 때, 그리고 법에 대한 것들이 지루해졌을 때에도 경험했다. 이러한 감정들을 거치면서 당신은 실패나 상실감, 죄책감, 그리고 수치심을 느끼게 될까 걱정하게 될 것이다. 또한 이제는 더 이상 가지고 있지 않은 좋은 시간들과 열정에 대해 애통해할 것이다.

이러한 불안감을 다루는 방법

여기 당신이 사랑하는 것에 대한 관심을 잃어버릴 때의 수치심, 죄책감 그리고 불안감을 경험할 때 기억해야 할 몇 가지가 있다.

1. 당신은 다능인이다. 그러므로 관심이 옮겨가는 것은 충분히 있을 수 있는 일이다. 마음이 움직이는 데 죄책감을 느낄 필요가 없다. 이는 다능인들의 특징이기 때문이다. 죄책감 탓에 그 자리에 머무는 것은 누군가를 상처 주는 것이 두려워 더 이상 사랑하지 않는 사람과 관계를 유지하는 것과 마찬가지다. 다만 연인관계와는 다르게 여기서 상처를 받는 사람은 오직 당신뿐이다.[47]

2. 더 흥미로운 것들이 다가올 것이다. 무언가를 떠나보내는 것은 당신을 자유롭게 하여 다른 환상적인 모험을 할 수 있도록 해준다. 그 곳에서 당신은 새로운 기술을 익히고 당신이 새롭게 탐험하게 될 모든 분야에 그 기술들을 적용하게 될 것이다. 당신의 인생은 그로 말미암아 더욱 흥미로워질 것이고 모든 종류의 놀라운

---

47 사실 꼭 그렇지는 않다. 당신은 또한 잠재적으로 만날 수 있는 사람들에게 당신의 생각, 기술 그리고 존재를 공유할 기회를 빼앗음으로서 상처를 주게 된다.

사람들을 만나게 될 것이다. 당신은 오랫동안 머문 분야에 갇혀 있는 사람이 아니니까 말이다.

3. 당신이 하는 일이 곧 당신은 아니다. 변화는 당신의 정체성을 파괴하지 않는다. 당신은 당신의 도구가 아니다. 당신은 당신의 직업이 아니다. 당신은 '음악인', '선생님' 또는 '엔지니어'보다 더 큰 존재다. 당신은 어떤 직업을 가지고 있는지와 상관없이 (심지어 직업이 없다 하더라도) 그 자체로 전부다.

4. 당신의 기대를 조절하자. 지금부터는 적당한 기대를 가지고 새로운 것을 추구하도록 노력하자. 당신은 이미 자신이 다능인이라는 사실을 알고 있으니, 새로운 관심사가 나타나도 "바로 이거야!"라며 접근하지는 말자. 그보다는 한동안 "한번 시도해 보자"라는 마음으로 시작하고 당신이 그것에 끌리는지 보는 편이 더욱 건설적이다.

잘 변화하는 당신의 본성을 받아들이면 당신의 관심이 옮겨가는 것이 수치스럽고, 정체성을 파괴하는 일이 아니라 흥미롭고 필요한 일로 여기게 될 것이다. 당신은 스스로 경험하고, 창조하고, 배워왔던 것들이 여전이 당신과 함께하고 있다는 것을 깨닫고 더욱 복잡하고 미묘한 관점을 가진 새로운 분야로 들어가기 위해 당신의 능력을 강화하게 될 것이다.

또다시 초보자가 되는 것에 대한 불안함

다능인들은 자주 초보자가 된다. 사실 초보자일 때는 여러 다른 것들을 하고 싶어하고, 되고 싶어하는 것이 일반적이다. 많은 사람들이 배우는 것을 좋아하고 그중에는 타고난 학습자도 있다. 하지만 가장 자신감이 넘치는 다능인들조차도 새로운 분야의 초기 단계에서는 취약함과 불편함을 느낄 수 있다. 새로운 것을 시작하는 일은 불편하다. 그래서 우리는 빨리가기 버튼을 눌러 보통 수준의 능숙함만이라도 갖춘 시기로 넘어가기를 바란다.

이러한 불안감을 다루는 방법

여기 초기의 학습곡선에서 발생하는 불편함을 줄일 수 있는 여러 가지 방법이 있다.

1. 시작 단계에서는 평범함을 깨닫는 것이 필요하다. 무언가를 잘하지 못하는 과정은 잘하고, 또 훌륭히 할 수 있게 되기까지 꼭 필요한 부분이다.[48] 이는 명백하지만 서투른 것이 필요한 과정이라는 사실은 쉽게 잊힌다. 그래서 우리는 자신에 대해 "그림을 잘 못 그린다", 혹은 "과학에는 소질이 없다"는 식으로 너무 빨리 판단

---

48 치료법에 관한 배경지식을 위해서는 앤 라모트의 사랑스러운 저서 『글쓰기 수업(Bird by Bird)』에서 '형편없는 초고'에 대한 그녀의 생각을 알아보자.

을 내린다. 어쩌면 당신은 단지 더 시간이 필요할 뿐인지도 모르는데 말이다. 애니메이션 〈어드벤처 타임Adventure time〉에 나오는 강아지 제이크는 다음과 같이 말한다. "무언가에 서투른 것은 앞으로 잘할 수 있게 되는 첫걸음이다."

2. 당신의 작은 승리를 계속 추적하라. 앞에서 당신의 작은 승리를 일기에 기록하여 이를 알아주고 격려해주는 것이 얼마나 동기부여가 되는지에 대해 이야기했다. 특히 당신이 무언가 배울 때 더욱 그러하다. 당신이 개념을 잡거나 아주 작은 진척을 만들어 낼 때마다 기록해보자. 이렇게 작은 승리들을 추적하는 것은 당신이 기운을 차리고 계속해서 배울 수 있도록 동기를 부여하는 데 도움이 될 것이다.

3. 조금씩 자주 일하자. 더 짧은 시간 동안 더 자주 일하면 새로운 정보가 당신의 뇌와 신체의 기억 속으로 더 빨리 들어올 수 있게 된다. 또한 짧은 시간 동안 일하는 것은 당신이 너무 좌절하는 것을 막아준다. 우리 집 강아지 그렌들이 아주 어렸을 때에는 내 명령에 열심히 반응하려고 했지만 그 녀석의 뇌는 "앉아", "가만히 있어"의 의미도 알아채지 못했다. 만약 우리가 너무 오랜 시간 동안 그 녀석을 훈련시켰다면, 아마도 좌절하고 산만해져서 결국 포기했을 것이다. 그래서 우리는 5분에서 10분간의 훈련을 많은 간식과 함께 하루에 두 번씩 진행했고 결국 그 녀석은 모든 것을 배울

수 있었다.

4. 당신 스스로한테 친절해지자. 강아지를 훈련시키면서 배운 또 다른 한 가지는 긍정적인 강화가 꾸지람보다 훨씬 더 효과적이라는 것이다. 지금 생각해보니, 강아지 훈련에서 우리는 모든 것을 배울 수 있었다. 당신 스스로를 혼란에 빠졌지만 좋은 의도를 가진 작은 생명체처럼 다루어라. 조심스럽게 인내심을 가지고 당신의 작은 승리를 격려해 주도록 하자. 당신 자신을 꺾지 않도록 노력하고 자주 상을 주면서 말이다.

최고가 아니라는 두려움

다능인들이 가장 일반적으로 신경 쓰는 것들 중에 하나가 한 분야에서 수십 년간 일해 온 전문가처럼 되지는 못할 것이라는 점이다. 속으로는 다음과 같은 생각이 들 것이다.

- 어째서 과거에 주방장 일을 했던 나를 이쪽 분야에서 몇 년간 일해 온 사람 대신에 고용하는 것일까?
- 5살 때부터 의학에 빠져서 의사의 꿈을 이룬 사람도 있을 텐데, 과연 댄서 일을 병행하고 있는 나를 건강요원으로 채용하고자 할까?

이러한 불안감을 다루는 방법

우리는 이미 다능인이 독특하고 엄청난 가치를 제공할 수 있다는 것을 알고 있다. 우리는 다능인들이 초능력을 소유하고 있으며 어떤 경우 창조력과 독특하고 다양한 기술들을 보유하고 있다는 것을 알고 있다.[49] 그렇다면 당신이 남들만큼 할 수 있을지 걱정스러울 때 어떻게 이런 생각을 다시 떠올릴 수 있을까?

1. 효과적으로 하는 것이 최고가 되는 것보다 중요한 일이다. 당신의 고객이 당신이 한 일에 만족하는가? 당신의 상관이 기뻐하는가? 그렇다면 당신은 당신의 일을 다 한 것이다. 목표가 당신의 일이 아니라 최고가 되는 것이 되어서는 안 된다.[50] 다른 사람이 하고 있는 것에 대해서는 신경 쓰지 말자. 자기가 가진 모든 것에 집중해서 당신의 고객이 누구이든 정말 행복하게 만들자.

2. 최고가 되는 것은 사실 불가능하다. 당신이 한 분야에 당신 인생을 바친다고 하더라도 당신이 그 분야의 최고가 될 가능성은 거의 없다. 항상 당신보다 더 잘하는 사람과 못하는 사람이 존재하기 마련이다. 그것이 인생이다. 누구보다 더 잘하는 것을 목표로 무언가

---

49 제2장을 참고하자.

50 순위를 올리는 것을 신경쓰는 것은 상관없다. 하지만 일의 질이 가장 우선시되어야만 한다. 그리고 더 많이 일하는 것은 어쨌거나 당신을 더 높은 곳으로 인도하게 될 것이다.

를 추구하는 것은 다른 사람들과 대항을 한다는 것이고 지속적으로 당신 스스로를 남들과 비교하고 판단하는 분위기를 조성하는 것이다. 당신의 기술을 전문적으로 유용하거나 개인적으로 의미 있는 수준으로 발전시키는 데 집중하는 편이 더 도움이 될 것이다.

3. 이것은 브랜딩의 문제일지도 모른다. 만약 사람들이 당신 대신에 같은 능력을 가진 전문가를 선택했다면, 아마도 당신의 가치를 효과적으로 설명하지 않았기 때문일지도 모른다. 당신이 면접을 보고 있거나 당신 홈페이지의 광고 문구를 쓸 때, 어떻게 고객의 문제를 풀어주고 무엇을 그들에게 해줄 수 있는지에 집중하자. 당신의 다양한 배경이 업무를 더 잘 수행하는 데 어떤 도움이 되는지 설명하자. 그리고 전환이 가능한 당신의 기술들을 강조하자. 탁아소에서 일했던 경험으로 논쟁을 벌이는 무리와 그들의 주목을 이끄는 방법을 배울 수 있었을 것이고 이러한 기술은 당신을 여행 가이드 일을 더 잘 하도록 만들어 줄지도 모른다. 혹은 당신이 기자일 때 복잡한 문제를 다루고 그것을 이해하기 쉬운 기사로 작성하는 기술을 배웠을 수도 있다. 그 덕분에 당신은 소셜 미디어에 깔끔한 글을 올리는 일을 잘 해낼 수 있게 되었을지도 모른다. 이러한 연결점들을 실제로 드러내고 당신이 감명을 주고자 하는 상대가 필요로 하는 것이 이 가치와 관련이 있다는 점을 표현하자.

4. 남들이 뭐라고 하기 전까지 당신은 전문가다. 그리고 보통은 남들

이 뭐라고 하지 않는다. 여기 작은 비밀이 하나 있다. 세상에 진정한 전문가에게 배지를 달아주고 아마추어들은 가짜라고 폭로하는 국가 전문가 협회 같은 것은 존재하지 않는다. 사실 대부분의 고용주와 고객들은 그들의 특정 문제를 이해하고 해법을 제시할 수 있는 사람들을 찾는다. 만약 당신이 자신감을 가지고 당신의 기술들을 구체적인 결과물과 연결짓는다면, 적합한 사람들이 당신과 함께 일하고 싶어할 것이다.

사기꾼 증후군

사기꾼 증후군이란 마음속 깊이 당신이 지금 이곳에 있으면 안 되는 사기꾼이며 언젠가 모두가 깨어나 그것을 알아챌 것이라 불안해하는 심리이다. 재미있는 사실은 이 증후군이 더 큰 기회와 성공이 앞에 놓여 있을수록 나아지기는커녕 더 심해진다는 것이다. 나의 강연이 TED.com에 특집으로 올라왔을 때, 나는 마냥 행복했다. 그 이후 몇 주간 나는 칭찬, 진심 어린 감사와 수많은 이메일 그리고 문자를 전 세계에서 받았다. 그때 내가 오직 원했던 것은 침대로 숨는 것이었다. '그들 모두는 내가 참 똑똑하다고 생각하고 있어, 하지만 만약 내 생각이 그냥 완전 쓰레기 같은 것이면 어쩌지? 만약 내가 뻔뻔스러운 가짜라면? 난 심지어 아무런 자격증도 없잖아!' 시간이 흐르고 나의 일이 사람들의 삶에 영향을 미치는 영향을 보기 시작하고 나의 새로운 프로젝트에 집중하게 되면서 나는 다시 나 자신을 믿을 수 있게 되었다. 하지만 당신은 내가 사기꾼 증후군을 다시 겪을 것이라고 믿어도 좋다. 심지어 내가 이 책을 쓰고 있는 동안에도 말이다.[51] '만약 출판사에서 나를 잘못 보았고 이 원고가 형편없다고 생각하여 계약금 반환을 요구하면 어쩌지?'

이러한 불안감을 다루는 방법

여기 당신을 낙담시키는 사기꾼 증후군 환상을 다루는 몇 가지 방법이 있다.

1. 만약 당신이 진짜 사기꾼이라면, 당신은 사기꾼 증후군에 걸리지 않을 것이다. 사기꾼은 작정하고 남을 속이고 그러한 속임수를 통해 이익을 취하는 거짓말쟁이다. 난 당신이 그렇지 않다고 확신한다. 당신은 누군가를 속이려고 하지 않는다. 당신은 단지 일을 잘 하고 싶을 뿐이고 새로운 것을 창조하고자 하는 노력은 가끔이 아니라 항상 불확실성을 고취시킨다. 철학자인 버트런드 러셀Bertrand Russell은 "세상의 문제는 바보들은 확신에 차 있는데 똑똑한 사람들은 온통 의심으로 가득 차 있다는 것이다"라고 쓴 적이 있다. 만약 가끔 스스로가 의심스럽다면, 당신이 잘하고 있다는 신호라고 받아들여라.

---

51 꼭 말로 하지 않아도 여러분이 알 것이라 믿는다.

2. 일 자체에 다시 집중하자. 사기꾼 증후군은 보통 다른 사람들이 우리에 대해 이야기하거나 생각할지도 모른다는 생각에 사로잡혀 있을 때 찾아온다. 당신이 어떻게 생각되어 지는지에 집중하기 보다는 일로 돌아가라. 당신이 무엇을 하고 있는지 알고 있는 당신만의 활동으로 스스로를 보여주자. 당신의 부정적인 성향과 머릿속에 있는 두려움을 행동으로 전환하도록 하자.

3. 누구나 가끔은 이런 식의 기분을 느낀다. 그래 좋다, 모두가 그런 것은 아니다. 우리가 방금 알아보았듯이, 사기꾼들은 아마도 사기꾼 증후군을 느끼지 않을 것이다. 하지만 자신들과 상관이 있는 무언가를 추구하는 좋은 의도를 가진 모두는 가끔 자신들이 어디에도 속하지 않은 것처럼 느낀다. 속담에서 말하듯이, 당신의 내면을 다른 사람의 외면과 비교하지 말자. 만약 당신이 동료들로 가득찬 방에 서 있다면, 무언가 큰 실수를 저지른 것 같고 거기 있으면 안 될 것 같은 느낌을 받는 것이 당신만이 아니라고 나는 장담한다.

외부의 비판과 마주하기

다능인들의 불안감이 항상 내면으로부터만 오는 것은 아니다. 우리의 불안감은 가끔 외부의 목소리에 반응하면서 발생한다. 부모님들의 걱정, 혼란스러워 하는 동료들, 오만한 선생님…… 모든 다능인들은 새로운 관심사를 누군가에게 공유했을 때 멍한 눈빛이나 불만의 눈초리를 받는 그 느낌이 어떤지 알고 있다.

- "스포츠 치료 전문가가 되려고 학교에 가겠다고? 하지만 난 네가 기술 회사에서 일하는 것을 행복해 한다고 생각했는데? 그 직업이 좋아 보이던데."
- "너는 미술 전공이잖아, 그런데 세상에 왜 수학 수업을 들으려고 하니?" [52]
- "이 모든 다른 생각들은 이제 정리하고 하나에 전념할 수 없겠니?"

우리의 다양성에 대한 부정적인 반응들은 진실로 혼란스러워하지만 좋은 의도를 가진 것들부터 완전 끔찍하고 비판적인 것들까지 존재한다. 그럼 우리의 다재다능함을 이해하지 못하거나 허용하지 않는 주변 사람들을 다루는 몇 가지 전략에 대해 알아보자.

당신의 관객은 누구인가?

먼저 이 '비평가'들이 누구인지 자신에게 물어보자. 이 사람이 친한 친구, 가족, 가까운 지인, 혹은 전문적으로 알고지내는 사람인가?

---

52   실제 이야기다.

그들과의 관계를 얼마나 중요하게 생각하는가? 그것이 당신 인생에 긍정적인 힘을 주는가? 만약 반대하는 쪽이 당신의 부모님, 친한 친구 혹은 당신이 가치 있게 생각하는 관계의 사람이라면, 당신에게 무슨 일이 일어나고 있는지 그들이 이해하도록 시도해볼 가치가 있다. 만약 그냥 지나가는 지인이거나 당신이 신경 쓰지 않는 사람이라면, 설명하지 않거나 그들의 동의를 구하지 않는 것이 더 쉽고 편안할 것이다.

다능인이라는 것을 드러내자

만약 당신의 시간을 할애하기에 가치가 있는 사람이라고 판단한다면 다능인으로 사는 것의 의미가 무엇인지 이해를 돕도록 시도해보자. 여러 다른 주제들을 탐험하고 다른 많은 프로젝트들을 수행하는 것이 당신이라는 것을 그들에게 설명해주자. 이렇게 하면 다음번에 당신이 다른 새로운 것을 하게 되더라도 그렇게 혼란스러워하지 않을 것이다. 아마 그들은 심지어 당신에게 어떤 멋진 것들을 하고 있는지 물어볼지도 모른다. 만약 다능인으로 사는 것이 어떤 의미인지 설명하고 싶지만 어떤 말로 설명해야 할지 혹은 직접 하고 싶은 기분이 아니라면, 다능인과 관련된 책, 글, 혹은 테드[53] 등의 매체를 알려줄 수도 있다.

---

53 내가 강연을 하기로 결정한 이유 중 하나는 다능인들이 혼란스러워 하는 그들 주변의 친구와 가족들에게 보낼 수 있는 짧은 자료를 원했기 때문이다.

자신감을 전달하자

당신은 당신이 가진 다재다능함에 대해 여러 가지 방법으로 이야기할 수 있다. 한 가지 방법은 더듬고, 어깨를 움츠리며 (미안해하는 목소리로) 다음과 같이 말하는 것이다.[54] "어, 난 이걸 하고 있어……음, 그리고 저것도 하고 있고…… 그래 그리고 이것도……." 다른 방법은 당신의 프로젝트에 대한 열정을 공유하고 자신감 있게 말하는 것이다. "그래, 지금은 _____를 하고 있어. (완전히 멈춘다) 또 난 _____에 무척 흥미를 갖고 있어! 그리고 자유시간이 생기면 난 _____ 도 하고 있어" 당신의 프로젝트들에 대해 자격지심을 가지거나 사과하지 않도록 노력하자. 만약 당신이 자신감을 보여준다면, 사람들은 당신을 판단하고 의문을 제기하는 일이 좀 줄어들 것이다. 대신 그들은 당신의 열정을 알아차리고 심지어 그 열정이 반영된 당신의 놀라운 프로젝트들에 대해 물어볼 것이다.

그들이 이해할 시간을 주어라

내가 이 책을 위해 인터뷰했던 모든 사람들에게 그들이 커온 방식에 대해서는 꼭 물어보았다. 자신들의 다재다능함을 지지해주는 부모님이 있는지, 혹은 그들의 모습으로 사는 것이 투쟁인지 물었다. 인터뷰를 했던 모든 이들이 처음에는 가족의 지지를 얻기 힘들었지만 나중에는 결국 가족들이 이해를 해주었다고 말했다. 그들의 행복

---

54 만약 당신이 그다지 확신이 없다면, '그렇게 될 때까지는 그런 척'하는 것도 괜찮다.

한 모습과 경제적으로 안정정인 모습들을 보게 되자 한발 물러서게 되었다는 것이다. 그들은 가끔 자신들의 자녀가 관심 있는 모든 것을 하는 것에 상당히 자랑스러워하게 되기도 한다(물론 그들이 모든 것을 완전히 이해하지는 않아도 말이다).

부모님들이 그들의 자녀들이 전문성을 기르도록 독려하는 것은 보통 사랑하기 때문이다. 그들은 그들의 자녀가 스스로 자급자족할 수 있기를 바라고 전문성을 기르는 것이 급여가 좋은 직장을 가지는 안전한 길처럼 여긴다. 구세대 사람들은 현재의 경제가 얼마나 달라졌고 적응력과 일에 능한 것이 얼마나 중요한지 항상 이해하고 있지는 않다. 당신은 그런 그들에게 '플럭스 세대generation flux'에 대해 논하는 기사를 소개하며 이러한 문화적 변화를 설명해 줄 수 있다. 당신은 여러 가지 다른 일들을 하고 있는 유명 인사들을 나열해 볼 수 있다(부록 A에서 찾아보자). 그리고 기업의 높은 자리에 있는 사람들(COO, 디렉터, 매니저 등)은 보통 다방면에 걸쳐 많이 아는 사람들이라는 것을 설명할 수도 있다. 하지만 당신은 이러한 게임을 하고 싶어하지 않을지도 모른다. 어쩌면 단지 기다리면서 다능인으로서의 삶을 만드는 데 집중하고 당신의 가족들이 그들만의 시간을 통해 당신을 이해할 수 있도록 하는 것이 더 효과적일 수도 있다.

의심하는 사람들을 버려라

사람은 그의 가장 친한 친구 다섯을 보면 알 수 있다고들 말한다. 우리 주변에 머물도록 선택한 사람들은 우리의 동기, 목적, 그리고 우리의 믿음에 강한 영향을 미치는 것이 가능하다. 현재의 친구들에게서 멀어지는 것을 두려워하지 말고 당신이 추구하고자 하는 생활 방식과 신념에 더 잘 맞는 새로운 친구들을 구하도록 하자. 당신은 함께 하고 싶지 않은 누군가와 함께해야 한다는 의무를 가지고 있지 않다. 특히 그 사람들이 당신이 선택한 인생에 대해 비판적이거나 일반적으로 부정적이라면 더욱 함께할 필요가 없다. 당신과 대부분의 시간을 함께한 친구들을 떠나보내는 것은 어려운 일이겠지만, 가끔은 정신 및 감정 건강에 가장 좋은 선택이 될 수도 있다. 당신이 의심하는 사람들을 떠나보냈다면, 이제는…….

공동체를 찾아내자

당신 인생에서 다능인들을 찾고 그들과 깊은 관계를 맺자. 인터넷에 접속하고 예술가, 사업가, 혹은 그들만의 일을 하고 있는 사람들의 모임을 찾아보자. 당신은 언제라도 퍼티라이크닷컴 Puttylike.com을 통해 우리 공동체에 가입할 수 있다. 이곳에서 당신은 다른 다능인들을 만나고자 하는 다능인들로 구성된 모임을 만날 수 있다.

당신의 모습으로 살 권리를 믿자

당신은 당신의 인생에서 중요한 사람들이 당신의 다재다능함을 이해하도록 노력할 수 있고 노력해야만 한다. 그들은 몇 번의 대화와 자료들을 통해서 이해를 하게 될 수도 있고 더 많은 시간을 필요로 할 수도 있다. 하지만 당신의 가족이나 친구들이 인정하는 것과는 별개로, 당신은 당신의 인생을 살고 당신의 일을 할 필요가 있다. 그곳에서 벗어나 당신을 사로잡은 분야들을 추구하고 당신만의 사람을 찾도록 하자.

무서운 질문!
"그래서, 당신이 하는 일이 뭔가요?"에
대처하는 법

당신은 한 파티에 참석했고 친구는 사람들에게 당신을 소개한다. 당신은 이제 사람들이 무서운 질문을 할 때라는 것을 알고 있다. '그래서, 당신이 하는 일이 뭔가요?' 우리 대부분은 우리가 무엇을 하는지에 대해 질문받는 것을 싫어한다. 게다가 만약 당신이 정기적으로 십여 가지의 다른 일들을 하고 있고 하는 일이 지속적으로 바뀐다면 당신을 어떻게 소개할 것인가? 어쩌면 당신은 아마도 한마디로 쉽게 설명할 수 있는 직책이나 일하고 있는 하나의 회사를 가지고 있지 않을 것이다. 대신 대부분의 수입이 발생하는 직업을 생각할 수 있겠지만, 그 직업은 당신이 하고 있거나 하려고 하는 모든 것을 담고 있지 않다. '무슨 일을 하나요?'는 '너는 커서 무엇이 될래?'의 어른 버전이라고 할 수 있다. 다능인들은 이러한 질문에 대답하는데 어려움을 겪는 경향이 있다. 어떻게 하면 이 끔찍하지만 피할 수 없는 질문에 대답할 수 있을까?

상황과 사람에 따라 대답을 맞춰라

당신은 어디에 있고 누가 그 질문을 하고 있는가? 특정 산업과 관련되지 않은 파티나 혹은 친목 모임에 있는가? 당신이 열정을 보이는 분야에서 일하고 있는 사람과 이야기하고 있는가? 친구의 초대로 참가한 연례 회계사 댄스 파티에 와 있는가?[55] 분위기가 가벼운가 아니면 전문적인가? 질문을 하고 있는 사람이 마음이 열려 있어 잠재적으로 새 친구가 될 수 있는 사람인가 아니면 단지 예의를 차리고자 하는 사람인가? 당신이 얼마나 편안한 기분인지 그리고 자세히 설명하는 것이 당신에게 도움이 되고 적절한지 판단을 내렸다면 어떻게 대답할 것인지 선택할 수 있다.

일반적으로 당신은 이 질문을 두 가지 방식으로 다룰 수 있다.

1. 당신은 당신이 하는 모든 것을 아우르지는 않겠지만 이해하기 쉬운 짧막한 대답을 할 수 있다(예를 들어 "나는 해양 생물학자입니다" 혹은 "나는 구글에서 일합니다"처럼 말이다).
2. 당신은 덜 평범하지만 대화를 이끌어 낼 수 있는 더 정확한 답변을 할 수 있다.

빨리 짧막한 답변을 할지 대화에 참여할지는 당신이 이야기하고 있는 사람이 누구인지와 당신이 어떤 기분인지에 달려 있다. 이 사

---

55   만약 아직 없다면, 난 회계사 댄스 파티가 당연히 생겨야 한다고 생각한다.

람에게 마음을 열고 싶은 기분이 드는가? 당신에 관한 많은 것들을 이야기하고 싶은가? 아니면 혼자 있고 싶은가?

질문에 대한 여러 가지 대답을 가지고 상황에 맞는 가장 적절한 대답을 고르는 것은 괜찮다. 만약 짧고 이해하기 쉬운 직책으로 대답하길 결정했다면, 그것이 당신의 모든 것을 전달하지 못한다고 걱정하지 말자. 사람들이 당신을 더 알아 갈수록 당신의 다른 모습들에 대해 발견할 수 있을 것이다.

"나는 여러 가지를 합니다" 기법

만약 당신이 깊은 대화를 시작하게 된다면, 당신의 다재다능함으로 대화를 시작할 수 있다. 당신은 "나는 여러 가지를 합니다", "나는 지금 진행하고 있는 수많은 프로젝트들이 있습니다", 혹은 심지어 "나는 다능인입니다!"라고 말할 수 있다. 이는 아마도 가장 진실한 대답일 것이다. 하지만 당연히 사람들은 혼란스러워할 것이고 더 설명을 해주길 원할 것이다. 그러나 만약 당신이 다른 다능인과 함께 하고 있거나, 단지 당신의 모든 프로젝트에 관하여 흥미로운 기분이 들고 그것들에 대해 이야기하고 싶다면, 그렇게 해도 좋다. 그리고 만약 당신이 충분히 좋은 직장[56]을 가지고 있지만 당신이 하는 모든 것을 반영하고 있지 않다면, "나는 ○○에서 일하고 있지만, 그것 말고도 다른 여러 가지를 하고 있습니다" 라고 할 수도 있다. "나는 여

---

56 제6장에서 만족스러운 직업에 대해 다루었다.

러 가지를 합니다"라는 방법은 대화를 이끌어 낼 것이기 때문에 당신의 다양한 프로젝트들에 대해 당신이 이야기하고 싶어하는지 확실히 해야 한다.

우산 같은 직함 사용하기

당신이 하는 일의 대부분을 아우르는 더 넓은 의미의 단어나 범주가 있는가? 예를 들어 "나는 연기자이고 화가이고 음악인이다"라고 말하는 대신에 "나는 예술가입니다"라고 말할 수 있을 것이다. 혹은 "지리학 선생님이고 동물원의 안내원이며 헬스 코치입니다"라고 말하는 대신에 당신을 교육자라고 부를 수 있을 것이다. 당신이 하는 일이나 우선순위 프로젝트들을 적고 당신의 이처럼 다양한 정체성을 요약할 수 있는 몇 가지 우산 같은 직함을 생각해 보는 것은 도움이 될 것이다.

"나는 _____가 _____을 하도록 돕고 있습니다."

다른 방법으로는 당신의 직함은 완전히 배제하고 당신이 돕고 있는 사람들이나 당신이 일을 통해서 성취한 것들에 관하여 이야기하는 것이다. 만약 당신이 "나는 젊은이들이 자신감을 가지도록 도와주고 있습니다"라고 말한다면 당신이 어떻게 젊은이들이 자신감을 가지도록 하는지 구체적으로 언급하지 않게 된다. 당신은 무용 강사일수도 있고, 동기부여 강사일 수도 있고, 노숙 청소년들에게 의료 서비스를 제공하는 비영리단체에서 일하는 사람이거나, 혹은 이 세 가지 일을 모두 하고 있을 수도 있다. 만약 사람들이 당신이 하는 일에 대해 더 알고 싶어한다면 그들은 질문하게 될 것이고, 그때 당신은 더 구체적으로 자세하게 설명을 할 수 있을 것이다.

질문을 여과장치로 사용하자

만약 누군가가 당신이 하는 일에 대해 묻고 당신의 대답에 좋게 반응하지 않았다면, 그들은 아마도 당신의 새로운 친구가 되기 위한 면접에서 떨어졌다고 볼 수 있다. 당신의 다재다능함을 강조하는 것은 누군가와 친구가 될 수 있는지 결정하는 데 도움을 주는 테스트가 될 수 있다. 당신의 복잡함에 대해 솔직하게 털어놓는 것이 어떤 경우에는 상대방의 마음을 여는 계기가 될지도 모른다. 당신은 어쩌면 또 다른 다능인에게 말을 하고 있는 것일지도 모른다!

기분이 좋지 않은 날은 세상과는 멀리 떨어져 다양한 우리의 관심사를 혼자서 탐험했으면 좋겠다고 생각하기 쉽다. 하지만 우리 스스로를 고립시키고 우리의 다재다능함을 개인적인 공간으로 밀어 넣는 것은 우리뿐만 아니라 다른 모든 이들에게도 도움이 되지 않는다. '드러내고 자랑스러워하는' 다능인이란 세상과 소통하고, 우리의 일에 대해 말하는 법을 배우고, 두려움과 반감에 직면해도 우리 내면의 소리를 듣는 것을 의미한다. 우리의 모든 것을 드러내는 것

이 항상 편안하고 쉬운 일은 아니다. 하지만 다같이 그렇게 하는 것이 우리가 움직임을 만들어내는 방식이다. 위험을 감수하라. 당신이 얼마나 대단한 존재인지 보여주고 여러 가지를 하는 것에 대한 나쁜 인식이 줄어들 수 있도록 도움을 주자. 당신의 기분이 더 좋아질 것이고 다른 다능인들이 더 수월하게 자신들의 모습으로 살 수 있도록 만들어 줄 것이다.

다양함,
당신을 유일하게 하는 것

    나는 로스쿨 3년차였을 때, 나의 직업 궤도를 바꿔버린 음악 정책 수업을 들었다. 그것은 소수의 법, 음악, 경영, 그리고 예술을 전공하는 소수의 학생들이 참여한 작은 세미나였다. 수업은 한 학기에 걸친 프로젝트를 중심으로 돌아갔다. 우리들은 여러 학과로 구성된 팀으로 나뉘어져서 주류 음악 산업의 비즈니스 모델을 상대할 회사를 구상했다. 이 수업은 실제로 내가 꿈꾸던 것이었다. 그것은 법, 음악, 그리고 사업과 같이 그 당시 내가 관심을 가지던 몇 가지 주제를 다루고 있었을 뿐 아니라 각기 다른 관점들과 학문의 아름다운 결합이었다.

    우리는 일종의 온라인 예술품 소장소와 같은 사업을 구상하게 되었다. 이 사업에 열정을 느끼게 된 팀원들과 나는 수업이 마무리되면 우리의 사업 계획을 전체 대학교를 대상으로 하는 사업 경쟁 대회에 제출하기로 결정했다. 몇 주가 지난 후, 우리는 준결승까지 올라가게 되었다. 우리는 열광했다. 유일한 문제는 이제 진짜 사업가들과 투자자들 앞에서 우리의 사업에 대해 설명해야만 하는 것이었다. 만약 당신이 '샤크탱크(미국의 창업투자유치 오디션 - 옮긴이)'나 혹은 '드래곤즈 덴(영국 BBC의 창업 오디션 - 옮긴이)'을 본 적이 있다면, 그것들과 상당히 유사한 상황이었다고 생각하면 된다.

우리의 중요한 발표를 준비하면서 팀원들과 나는 교수님을 만나 사업제안을 설명하는 예행 연습을 했다. 주의 깊게 들은 교수님은 우리에게 몇 가지 건설적인 의견을 주었다. 그러고 나서 교수님은 우리들의 용기를 언급하며 기억에 남는 말을 남겼다.

자네들 프로젝트는 괴상해. 나쁜 의미로 말하는 것이 아니야. 발상 자체가 평가단이 일반적으로 보게 되는 것들과는 상당히 달라. 그런 괴상함을 숨기지 말고 강조하도록 하게.

나는 교수님이 장난처럼 대학 경쟁대회에서 하는 발표에 대해 이야기하고 있다는 것을 깨달았다. 하지만 나는 마치 한 번도 허락 받지 못한 무언가에 대해 허가를 받은 것 같은 느낌이었다. 그것은 바로 나를 유일하게 만드는 것이었다.

나는 인생 대부분을 나의 다재다능함, 나의 의견들, 나의 괴상함,

나의 외모와 같이 나를 다르게 만드는 것을 최소화하며 살아왔다. 수업시간에 손을 드는 것을 완강히 거부한다든가, 청소년 시절 큰 사이즈의 스케이터 복장으로 나를 감추거나 다방면에 걸친 배경지식에 대해 주변 동료에게 말하지 못하던 20대에는 융합하는 것이 살아남는 길이라고 느꼈다. 혹자는 어린 시절의 학대나 여자는 스스로 작아져야만 한다고 말하는 문화에서 자란 결과라고 하겠지만, 당시 나는 필사적으로 '평범함'을 느끼고 싶어 했고 평범함이란 눈에 띄지 않는 것이라고 생각했다. 하지만 그와 동시에 나 자신을 표현하고 싶다는 강한 욕구를 느꼈고 이로 말미암아 내적 갈등을 겪었다. 이러한 힘은 내가 곡을 쓰거나, 영화를 만들 때 더 강하게 드러났고, 내 인생에서 주도적인 선택을 할 수 있도록 해 주었다. 하지만 융화되기 위해 필요한 힘과 창조의 불꽃을 키우기 위한 힘은 서로 끊임없이 상충한다. 교수님은 나의 인생을 바꿔버릴 만한 허락을 내린 것이다. 단지 나의 괴상함을 허락한 것이 아니다. 나의 유일함을 이끌어 낸 것이 사실 나의 성공을 만드는 열쇠가 되었을지도 모른다.

우리의 괴상함을 강조하는 것은 대회에서 우승하기에는 충분하지 못했다. 우리의 발표는 아주 좋았지만, 아마도 사업에서 어떻게 수익을 낼 것인지는 정확히 알지 못했기 때문이었던 것 같다. 그보다 나는 이 작은 기적 같은 일을 재미있게 즐겼다. 나는 남들 앞에서 말하는 것을 극도로 싫어했지만, 이때는 형식을 차리거나 전문가 같은 분위기를 만들려고 노력하지 않았다. 물론 준비하고 다듬기는 했지만, 그 무대에서는 호기심 어리고, 약간은 말썽꾸러기 같으며 열정을 가진 나 자신을 유지했다. 에밀리는 그 무대 위에서 사라지지 않았다. 그녀는 자신을 드러낸 것이다. 난 엄청난 기분을 느꼈다.

'당신을 유일하게 만드는 것을 강조하라'는 나만의 만트라 그리고 나만의 '왜'들 중에 하나가 되어 왔다. 경력을 쌓으면서 여러 가지 수많은 것들을 해 왔음에도 불구하고, 최근 6년간 대부분은 사람들이 자신의 유일함을 이끌어 낼 수 있도록 도움을 주는 일을 해오고 있다.

당신의 유일함을 이끌어낸다는 것은 무엇을 의미하는가? 그것은 단지 내면이 이끄는 것들을 받아들이고 포용하는 것만을 의미하는 것이 아니다. 그것은 단지 시작일 뿐, 결국 당신의 다재다능함을 지속할 수 있는 인생을 구축해야 한다. 실질적으로 말한다면 그것은 당신이 번창하고, 탁월함을 세상에 드러내고, 더 나은 세상을 만들기 위해 필요한 돈, 의미, 그리고 다양성을 얻는 방법을 알아내는 것을 의미한다.

어떤 다능인들은 다양한 것들이 포함되어 그룹 허그 직업에 자신의 관심사들을 결합하여 돈, 의미, 그리고 다양성을 얻어낸다. 어떤 다능인들은 여러 개의 파트타임 직업이나 서로 상당히 다른 사업들을 운영하면서 자신들의 직함 사이에 많은 슬래시를 소유한다. 어떤 아인슈타인들은 하나의 직장이나 사업을 통해서 자신들의 경제적인 필요를 충족시키면서 경제적인 걱정 없이 관심분야를 탐험할 때 가장 안정감과 만족감을 느낀다. 그리고 몇 년마다 웅장하게 다른 모습을 보여주는 피닉스들이 있다. 이 친구들은 다른 분야로 전향하기 전에 한 분야를 깊게 하는 것을 좋아한다. 그리고 물론, 직업 모델 사이를 자유롭게 바꾸거나 섞여 있는 혼합된 형태의 사람들도 잊어서는 안 된다.

가끔 나는 우리 모두가 혼합된 형태의 사람들이며 그러한 분류들은 단지 안전함을 느끼기 위한 심리 게임일 뿐이라고 생각한다. 여전히 우리는 배우기 위한 예시들이 필요하고, 우리가 나중에 거부할지도 모르지만 어디서부터 시작해야 할지 보여줄 뼈대와 구조들이 필요하다. 내가 과거에도 말해왔고 앞으로도 말하고 싶은 것은 이 책에서 다루는 정보 중에 당신에게 통하는 것을 사용하고 그렇지 않은 나머지는 버리라는 것이다. 직업 모델들을 한데 모아보자. 만약 당신을 행복하게 해준다면, 매년 새로운 직업 모델을 시도해보자. 실험하고, 반복하고, 모든 것을 자신의 것으로 만들어라. 당신의 직업이다. 당신의 인생이다.

'당신의 다재다능함을 이끌어내라'의 또 다른 의미는 당신의 끝없는 호기심과 진척을 이루고 싶은 당신의 열망 간에 균형 잡는 법을 배우는 것이다. 스스로에게 맞는 방법들을 찾아 나만의 기술 도구함을 구축하자. 가끔은 당신이 스스로의 길을 방해할 때가 있다. 우리 모두가 그렇다. 당신이 프로젝트를 진행시키고, 열심히 탐험하고, 자기 안의 저항을 극복하는데 도움이 되기 위하여 자기 스스로 만들어낸 체계가 길게 지속될 수 있다.

우리는 사회적 압박감, 오해, 그리고 수치심에 대한 이야기들과 함께 우리의 여정을 시작했었다. 완전히 바뀌어버린 나의 모습을 보며 혼란스러워하던 지인을 마주친 적이 있었다. 그 사람이 무례하게 굴려했던 것이 아니라는 것을 지금은 안다. 그녀는 단지 다능인이 된다는 것을 이해하지 못했던 것이고 나는 자신감 혹은 그녀에게 설명할 수 있는 단어가 없었던 것이다. 나는 당신이 이러한 자신감을 스스로 기르고 당신을 낙담시키는 내외부적인 목소리들에 대해 더 잘 준비되었다고 느끼기 시작했기를 바란다. 그리고 무엇보다 당신의 선택이 옳다는 것을 누구에게도 입증할 필요가 없다는 것을 이해하기 바란다. 당신 스스로에게 당신이 되고 싶어하는 모든 것이 되도록 허락한다면 당신의 인생은 어떤 모습이 될 것인가? 당신의 풍부한 열정을 이끌어낸다면 어떤 것을 창조하고 어떤 문제를 풀 수 있을까? 나는 우리가 진심으로 답을 얻을 수 있기를 바란다.

나는 다능인들의 집이 되어줄 퍼티라이크닷컴 Puttylike.com 을 만들었다. 이는 유용한 자료들이 모여 있는 플랫폼이며 다른 다능인들을 만날 수 있는 장소다. 우리의 넘치는 열정으로 함께 삶을 설계하자.

나는 그곳에서 당신을 만나겠다.

당신의 친구 그리고 동료 다능인

에밀리

유명 다능인들

마야 안젤루Maya Angelou, 1928-2014 : 시인이자 민권 운동가, 역사가, 무용가, 음악가, 연기자, 연극배우, 영화제작자, 영화감독, 작곡가, 시나리오 작가 그리고 교수.

데이비드 보위David Bowie, 1947-2016 : 음악가이자 연기자, 시인, 극작가, 화가, 미술품 수집가, 의상 디자이너를 겸함. 보위는 다양한 페르소나와 음악 스타일로 그의 음악 인생에서 매번 다른 모습을 보여주었다.

리처드 브랜슨 Richard Branson, 1950년 출생 : 사업가이자 발명가이며 자선활동가. 그는 버진 그룹을 설립했다. 해당 그룹은 음악과 항공우주 산업 그리고 정보통신과 같은 다양한 분야에서 400개가 넘는 회사를 소유하고 있다.

레이 임스Ray Eames, 1912-1988와 찰스 임스Charles Eames, 1907-1978 : 두 사람은 결혼한 부부이자 현대 건축과 가구에 중요한 기여를 한 열정적인 전문가 팀이었다. 그들은 또한 산업 및 그래픽디자인과 미술, 그리고 영화계에서 일했다.

팀 페리스 Tim Ferriss. 1977년 출생 : 연기자이며 기업가이자 일과 건강 그리고 학습에 관한 책들을 쓴 강연가다. 그는 탱고 춤에서 기네스 세계기록을 보유하고 있으며, 우슈 챔피언이기도 하다.

제임스 프랭코James Franco, 1978년 출생 : 연기자이자 감독, 영화제작자, 화가, 시인이며, 작가이자 멀티미디어 예술가, 음악가 그리고 교사이기도 하다. 그는 찰스와 레이 임스에 관한 다큐멘터리에서 나레이션을 하기도 했다.

벤저민 프랭클린Benjamin Franklin, 1706-1790 : 작가이자 화가이고 정치이론 가이며 정치가, 과학자, 발명가, 시민운동가 그리고 외교관이다. 프랭클린은 미국의 독립선언서와 미국 헌법 작성에 일조했다. 그리고 이중 초점 안경과 피뢰침을 발명했으며 미국의 첫 공공 대출도서관을 성공적으로 조직했다.

갈릴레이 갈릴레오Galileo Galilei, 1564-1642 : 천문학자이며 물리학자이자, 엔지니어, 철학가 그리고 17세기의 과학 혁명에서 중요한 역할을 한 수학자이기도 하다.

스티브 잡스 Steve Jobs, 1955-2011 : 기업가 겸 발명가이자 애플Apple을 공동 창립한 것으로 유명한 산업디자이너다. 잡스는 개인 컴퓨터와 음악 그리고 애니메이션을 포함한 몇 개의 산업분야를 혁신했다.

헤디 라마Hedy Lamarr, 1914-2000 : 영화배우이자 발명가다. 제2차 세계대 전 발발 당시 라마는 어뢰를 통제하는 전파 유도장치를 개발했다. 해군은 1962년 쿠바 미사일 위기에 해당 기술을 사용했으며, 그녀의 발명품은 여전히 정보통신 기술 분야에서 사용되고 있다.

베아트릭스 포터Beatrix Potter, 1866-1943 : 작가 겸 삽화가, 자연과학자인 동시에 환경 보호 활동가다. 아동서인 『피터 래빗 이야기The Tale of Peter Rabbit』로 잘 알려져 있다. 그녀는 또한 곰팡이류를 연구하고 그렸 으며, 특히 진균학의 권위자이다. 포터는 수상경력이 있는 허드윅 면양 사육자이며, 토양 보존에 관심 있는 농부이기도 했다.

러셀 시몬스 Russell Simmons, 1957년 출생 : 기업가인 동시에 제작자, 작가, 활동가이며 자선가이다. 그는 힙합 음악회사 데프잼 레코드Def Jam

Recordings를 공동 창립했으며, 팻팜Phat Farm을 포함한 세 가지의 의류 브랜드를 만들었다. 그리고 빈민가의 학생들에게 미술 교육 프로그램을 제공하는 비영리단체를 운영하고 있다.

패티 스미스 Patti Smith, 1946년 출생 : 음악가, 시인이며 비주얼 아티스트다. 그녀는 1970년대 뉴욕 펑크록 음악계에서 상당히 영향력 있는 인물이었다. 스미스는 몇 곳의 예술 매체에서 활동하며, 록과 시를 융합한 '국민 펑크 시인'으로 알려져 있다.

다능인을 위한 분야들

다능인들이 직업에서 다양성을 일구는 방법 중 하나는 학제간 분야에서 일하는 것이다(제4장을 확인하자). 다음은 다능인들에게 잘 맞을 분야들의 샘플 모음집이다. 세상에는 수천 가지의 분야가 있으며 새로운 분야가 끊임없이 나타나고 있다는 점을 기억하자. 그러므로 아래의 목록에서 당신에게 완벽하게 맞는 직업을 찾지 못했다고 해서 낙담하지 않아도 된다. 계속해서 추가될 칸이 많이 있기 때문이다!

분야	구성 요소
인공지능	심리학, 철학, 과학기술, 신경과학, 컴퓨터 공학, 수학, 로봇공학, 패턴인식, 기계학습, 시지각
생명윤리	생명과학, 과학기술, 의학, 정치, 법, 철학
생물정보학	컴퓨터 공학, 생물학, 수학, 통계, 공학, 사용자 경험 디자인
창의적 코딩	프로그래밍, 비디오, 시각예술, 디자인, 행위예술, 설비, 사운드, 광고, 프로토타입 제작
디자인	미술, 공학, 사회학, 심리학, 음악, 비디오, 경영, 그리고 각 특정 프로젝트와 연관된 주제들
교육	대중 연설, 리더십, 학습 방식, 심리학, 아동 발달, 상담, 관리, 특정한 주제들
이벤트 운영	프로젝트 관리, 심리학, 법, 문화, 경영, 재정, 미식학, 인테리어 디자인
영화 제작	글쓰기, 스토리텔링, 촬영, 미술감독, 과학기술, 편집, 사운드, 프로젝트 관리, 경영, 법
인문 지리학	지리학, 인류학, 역사, 문화, 조사, 경제, 환경정책
수업 설계	교육 이론, 신경 과학, 과학기술, 양방향 미디어 디자인, 심리학, 조사, 스토리텔링, 정보 통신, 프로그래밍, 영화, 게임화, 시각디자인, 웹 디자인, 음향 제작, 기술적 글쓰기, 편집
통합 의료	서양 의학, 대체 의학, 약초 연구, 침술, 바디워크요법, 영양, 상담, 피트니스, 요가, 명상

분야	구성 요소
마케팅	글쓰기, 디자인, 통계학, 자료 분석, 조사, 경영, 심리학, 경제학, 프로젝트 관리, 정보 통신, 과학기술
정신 치료/상담	심리학, 경청, 공감, 경영, 다른 주제들과 쉽게 결합 가능 (예를 들어 미술 치료, 음악 치료, 원예요법, 해양요법, 요가요법)
출판	언어, 정보 통신, 스토리텔링, 레이아웃, 디자인, 사진, 기술, 조사, 재정, 법, 경영, 관리, 교육, 기획, 마케팅
지속 가능한 개발	조직 발전, 경제학, 사회정의, 생태학, 정치, 과학기술, 경영, 건축학, 문화
도시 계획	주택, 수송, 환경, 교육, 미술, 농업, 경제학, 건축학, 디자인, 조경, 토목공학, 사회정의, 행정학, 역사, 조사, 지도 제작, 글쓰기, 정보 통신, 법
UX(사용자 경험)	코딩, 조사, 스토리텔링, 디자인, 시각 예술, 과학기술, 사회학, 교양과목, 글쓰기, 통신, 심리학, 프로젝트 관리

부록 C

직업 모델 연습

· 그룹 허그 접근법 시도해보기 ·

지금까지 그룹 허그 접근법을 알아보았으니, 이 체계에 당신의 관심사들이 얼마나 들어맞는지 살펴보도록 하자. 자연스럽게 직업에 관한 아이디어들을 떠올려볼 시간이다. 펜과 종이를 준비하고 브레인스토밍을 시작해보자!

당신이 마스터한 관심사 목록을 적어보자

현재든 과거든 머릿속에 떠오르는 당신의 모든 흥미와 열정, 기술 그리고 호기심을 적어보자. 자기 자신을 검열하지 말자. 해당 활동이 현재 당신이 하고 있는 것이든 아주 막 시작한 것이든, 혹은 아주 잠시만 관심 있었던 것이든 상관없다. 이런 연습에서 칸을 채워나가다 보면 우리의 성취들을 무시하기 쉽다. 그러니 다음의 규칙을 명심하자. 목록에 포함시켜야 할지 말아야 할지 고민되는 무언가가 있다면, 포함시켜라.

적은 목록을 정제하자

당신의 '지나간' 관심사에 ×표를 긋자. 그건 당신이 조만간 다시 손대고 싶지 않은 목록들이다. 목록 중에서 현재 당신의 흥미를 특별히 끌어당기는 관심사들에는 별표를 하자.

하위 집단으로 나누자

짐작건대, 당신의 관심사 마스터 목록 중 일부는 자연스럽게 다른 것들보다 더 잘 맞물릴 것이다. 새 종이에 비슷한 관심사 목록을 그룹지어 적고, 이름을 지어주자. 예를 들어 하이킹, 바이킹, 캠핑은 '아웃도어 어드벤처'라는 이름하에 함께 들어갈 수 있다. 사진, 그림, 판화, 기타 연주는 '아트' 혹은 '창의적 표현'이라는 주제에 들어갈 것이다. 국제 지역학, 여행, 행동주의는 '정치' 혹은 '사회정의'로 그룹지을 수 있다. 완벽한 주제를 만들어내려고 고민하지 말자. 이 연습이 유익하기 위해 당신의 분류와 하위 그룹의 이름들이 완벽할 필요는 없다.

하위 그룹들과 개개의 관심사들을 서로 짝지어주자

당신의 목록에 있는 다양한 관심사들과 하위 그룹들의 교차점에서 무엇을 찾을 수 있는가? 관심사들이 서로 연관 없어 보여도 괜찮다. 일단 짝을 지어놓고, 당신이 어떤 종류의 독창적이거나 우스운 커리어를 생각해내었는지를 알아보자. 인류학적인 경제학? 뮤지컬 생태학? 무엇이든 안 될 이유는 없다.

이미 존재하는 분야들이 있지 않은가?

이런 교차점에 기존의 어떤 분야들이 있는지 알아보기 위해 당신의 목록들을 조사하

자. 예를 들어 인공지능은 심리학, 철학, 기술, 신경 과학, 컴퓨터 사이언스, 수학, 로봇 공학, 패턴 인식, 기계 학습 그리고 시지각이 혼합된 것이다. 영화 제작은 스토리텔링과 글쓰기, 사진, 디자인, 음악, 플래닝 등을 포함한다. 생명 윤리는 건강, 정치학, 법 그리고 철학의 교차점에 있는 분야다.

각 분야 안에서 다능인들에게 잘 어울리는 지점은 어디인가?

당신의 각 하위 그룹들에 대한 약간의 조사를 실시하고, 해당 분야에 학제간 특수성이 있는지 알아보자. 예를 들어 기능성 의류 디자인은 디자인과 미술, 생물학, 화학, 공학 그리고 사회과학이 합쳐진 디자인의 한 분과다. 이는 신체적 장애를 가진 이들을 돕는 것에서부터 우주 공간에서 우주 비행사들을 안전하게 지켜주는 일까지, 어떤 부수적인 목적을 수행하는 의류를 제작하는 것이다.

진보적인 회사 찾기

직원들에 대한 대우가 좋고 상당한 자유를 보장하기로 유명한 회사들을 알고 있는가? 조사를 통해 당신이 그런 회사들을 얼마나 알고 있는지 알아보자. '창의적인', '통합적인', '적응력 있는'처럼 다능인들을 표현하는 단어들을 계속해서 살펴보자.

르네상스 사업 아이디어 만들기

당신의 관심사들을 결합하게 해줄 사업 아이디어에는 무엇이 있는가? 예를 들어 개방형 사무실을 함께 제공하는 카페나 전체론적 의학을 접목한 건강 진료 등이 있다.

당신의 지식이나 기술을 다른 관심사를 가진 청중에게 전달할 수 있는가?

한 분야에서의 기술이 전혀 다른 성격의 그룹에게도 유용할 수 있다는 사실을 알게 되면 놀랄 것이다. 다음의 빈칸을 채워보자.

나는 '스쿠버다이빙을 역사 애호가들에게'나 '즉흥극 수업을 기업 팀들에게'와 같은 엉뚱한 짝짓기를 사랑한다. 내가 이 연습을 아주 사랑하는 까닭은 이 서비스 두 가지 모두가 실생활에 존재하기 때문이다. 당신은 성공하지 못할 것 같은 짝짓기를 생각해낼지 모르지만, 약간 특이하게 들린다고 해서 그 사업 아이디어를 바로 없애버리지는 말도록 하자. 투자에 관한 당신의 지식이 비영리단체에 도움이 될 수 있을까? 음악 교사를 위한 온라인 스케줄 응용 프로그램을 만들기 위해 당신의 프로그래밍 도구들을 사용할 수 있을까?

한데 모으기

이 연습을 하면서 생각해낸 모든 통합적 직업과 사업 아이디어 목록을 새로운 종이 위에 적어 넣어라.

의미, 돈 그리고 다양성을 대조 검토하자

당신이 생각해낸 각각의 직업 아이디어를 제3장의 연습 과제에서 나왔던 답변들과 비교해보자. 그리고 각 직업마다 다음과 같은 질문을 해보자.

- 이 직업은 나의 '왜'와 하나 이상 일치하는가?
- 이 직업이 제공하는 서비스에 관심을 기울일 청중들이 있는가?
- 이 직업은 나에게 충분한(지나치게 많은 양은 아닌) 다양성을 제공하는가?
- 이 직업은 나의 '완벽한 날'과 양립할 수 있는가?

한 직업의 보수나 사업 아이디어의 수익성을 추측하는 건 분명히 어려운 일이다. 그리고 어떤 직업이 당신의 '완벽한 날'의 구조에 맞지 않은 것처럼 보인다거나 당신의 '왜'와 쉽게 조정되지 못한다고 해서, 당장 그 아이디어를 버려야 한다는 의미는 아니다. 당신은 그 아이디어들이 실제로 얼마나 괜찮은지 알게 된다면 매우 놀라게 될지도 모른다. 또 당신의 '완벽한 날'에 대한 생각이 바뀌는 상황도 얼마든지 가능하다.

한편으로는 자기 자신을 아는 것과 계획하는 것, 그리고 경험적인 지혜 사이에는 마찰이 있다. 우리가 이론적인 연습을 통해서 알 수 있는 것은 그다지 많지 않다. 실제로 탐험을 시작하기 전까지는 어떤 직업이 당신에게 잘 맞을지 아닐지를 진정으로 알 수 없다. 당신의 목록에 있는 하나 혹은 그 이상의 직업이 당신을 정말로 끌어당긴다면, 그것만으로도 그 직업을 더 깊게 살펴볼 이유가 된다. 하지만 이 과정에서 위의 질문들에 대한 더 많은 정보를 가지게 되고 더 정확한 대답을 할 수 있는 위치가 되면 다시 돌아가 위의 질문들을 살펴보자.

행동하기

그룹 허그 직업에 흥미를 느낀다면, 이번 주에 시작할 수 있는 간단한 행동 단계를 1개에서 3개 정도 결정하자. 행동 단계는 개인에 따라 다르며 당신의 상황과 아이디어의 본질에 달려 있지만, 몇 가지 가능한 예시들은 다음과 같다.

- 당신이 분류한 융합적 분야에서 실제로 근무하는 사람과 연락하여, 당신의 질문들에 답변을 줄 수 있는지 알아보자.
- 당신이 발견한 다능인 친화적인 회사들에게 자기소개서를 보내보자.
- 당신의 르네상스 사업 아이디어를 위한 시장을 조사해보자. 그런 상품이나 서비스에 대한 수요층이 있는가?

· 슬래시 접근법 시도하기 ·

슬래시 접근법이 무엇인지 알았고, 이제 한 번에 여러 가지 열정을 추구한다면 당신의 직장생활이 어떠할지 알아보도록 하자. 펜과 종이를 준비하자. 몇 가지 슬래시들을 생각해보고 비교해볼 시간이다!

당신이 마스터한 관심사 목록을 만들기

(앞서 이 과정을 했다면, 다시 할 필요는 없다. 마스터 목록을 꺼내서 아래의 '목록 정제하기 단계'로 넘어가면 된다)

당신이 마스터한 관심사 목록을 작성하자

현재든 과거든 머릿속에 떠오르는 당신의 모든 흥미와 열정, 기술 그리고 호기심을 적어보자. 자기 자신을 검열하지 말자. 해당 활동이 현재 당신이 하고 있는 것이든 아주 막 시작한 것이든, 혹은 아주 잠시만 관심 있었던 것이든 상관없다. 이런 연습 과제를 채워 나가다 보면 우리의 성취들을 무시하기 쉽다. 그러니 다음의 규칙을 명심하자. 연습 과정에서 목록에 포함시켜야 할지 않아야 할지 고민되는 무언가가 있다면, 포함시켜라.

목록 정제하기

당신의 마스터 목록을 살펴보고 다음 항목에 밑줄을 그어보자.

- 과거에 보수를 받았던 것
- 당신이 평균 이상의 전문성을 소유하고 있는 것

• 수익성이 좋다고 생각하는 것

가능한 슬래시/수입원 목록 만들기

새로운 종이에 별표와 밑줄 친 관심사들을 적어 놓고 각 부분 아래에 충분한 공간을 남겨 두자. 각 관심사 목록 아래 매력적으로 보이는 슬래시/수입원 목록을 만든다. 여기에는 파트타임 일자리, 당신이 제공할 수 있는 서비스, 만들 수 있는 상품, 무작위적인 프로젝트 아이디어 등등이 모두 포함될 수 있다. 당신의 종이는 옆 페이지에 있는 예시와 비슷하게 보일 것이다.

어렵거나 현실적이지 않다고 느껴지는 슬래시들을 겁내지 말자. 당신의 머릿속 아이디어들을 모두 꺼내서 종이 위에 옮기는 것이 중요하므로, 당신 내부의 비판자가 당신을 힘들게 하거든 어서 꺼져버리라고 말하자.

슬래시들이 당신의 '왜'와 일치하는가?

각 슬래시들을 제3장에서 확인했던 당신의 '왜'와 비교해보자. 슬래시들이 당신의 '왜' 중 하나 이상과 일치하는가? 아니면 이 슬래시를 위한 새로운 '왜'가 있어야 하는가?

교육
- 보조교사
- 단체를 대상으로 한 워크숍 운영
- 커리큘럼 디자이너
- 수학 과외
- 박물관 도슨트

패션
- 의상 제작
- 의상 디자이너
- 프리랜스 패션 저널리스트
- 온라인 쇼핑몰 개업

심리학

- 상담가
- 정신건강과 관련된 경험을 회고록으로 쓰기
- 사람들의 자존감 향상을 도와주는 어플리케이션 개발하기

소설 쓰기

- 판타지 소설 출판하기 (아니면 셀프 출판)
- 글쓰기 코치
- 글쓰기 워크숍 개최
- 소규모 출판사 개업
- 매달 스토리텔링 이벤트 만들기

원예학

- 조경 사업
- 지역사회 정원 만들기
- 수목 재배가

당신의 슬래시들을 한데 모으기

새로운 종이에 당신의 흥미를 끄는 두 개에서 다섯 개의 슬래시를 적고, 그들이 서로 어떻게 어울릴 수 있는지 생각해보자. 질문해보아야 할 문제들은 다음과 같다.

- 슬래시들이 서로 다른 성격이라서, 각 슬래시마다 내 인생에 특별함을 더하는가?
- 슬래시들이 충분한(너무 지나치지 않은) 다양성을 선사하는가?
- 슬래시들이 서로 결합되었을 때, 나의 재정 목표를 충족시킬 정도의 충분한 수입을 제공하는가?
- 슬래시들의 조합이 나의 '완벽한 날'과 양립할 수 있는가?[57]

당신은 지금 당장은 정확하게 이 질문들에 대한 답을 할 수 없을 것이다. 꿈의 슬래시 직업을 실생활로 옮기는 과정에서 성공적인 슬래시 직업에 이르기까지는 많은 실험이 필요하다. 당신은 시도해보기 전까지는 어떤 슬래시들의 조합이 당신이 원하는 돈

---

57 제3장에서 살펴본 내용이다.

과 의미 그리고 다양성을 안겨줄지 알 수 없을 것이다. 그럼에도 올바른 방향에서 당신 자신과 자신의 목표를 알고 이를 활용하는 것은 여전히 가치 있는 일이다. 또한 나중에 방향을 고치는 것도 가능하다.

다른 조합을 계속 시도해보자

당신이 확인한 슬래시들의 여러 조합을 한데 모으고, 그 조합들을 대상으로 위의 질문들을 실행해보자.

행동하기

슬래시 직업에 흥미를 느낀다면, 이번 주에 시작할 수 있는 간단한 행동단계를 하나에서 세 개 정도 결정하자. 행동 단계는 개인에 따라 다르며 당신의 상황과 아이디어의 본질에 달려 있지만, 몇 가지 가능한 예시들은 다음과 같다.

- 인맥(친구, 가족, 선생님, 동료 등)을 통해 당신을 이끌어 줄 수 있거나 슬래시 직업으로 발을 들여놓게 연결해줄 구체적인 인물들과 연락하자.
- 당신의 사업 아이디어 중에서 실행 가능한 시장이 있는지 조사해보자. 이런 상품이나 서비스에 대한 수요가 있는가? 소비자는 누구인가?
- 당신이 생각하는 슬래시를 이미 실행하고 있는 사람에게 이메일을 보내어, 몇 가지 질문들에 답해줄 용의가 있는지 알아보도록 하자.

· 아인슈타인 접근법 시도하기 ·

다음의 예시를 살펴보고 당신에게 잘 맞는 만족스러운 직업이나 사업을 찾아보자. 당신의 특정 기술과 흥미 그리고 목표를 생각해보고, 아인슈타인 접근법을 사용하게 된다면 삶이 어떻게 보일지를 살펴보도록 하자.

당신이 마스터한 관심사 목록을 작성하자

(앞서 이 과정을 했다면, 다시 할 필요는 없다. 마스터 목록을 꺼내서 아래의 '가능한 만족스러운 직업 목록 만들기' 단계로 넘어가면 된다)

현재든 과거든 머릿속에 떠오르는 당신의 모든 흥미와 열정, 기술 그리고 호기심을 적어보자. 자기 자신을 검열하지 말자. 해당 활동이 현재 당신이 하고 있는 것이든 아주 막 시작한 것이든, 혹은 아주 잠시만 관심 있었던 것이든 상관없다. 이런 연습 과제를 채워나가다 보면 우리의 성취들을 무시하기 쉽다. 그러니 다음의 규칙을 명심하자. 연습 과정에서 목록에 포함시켜야 할지 않아야 할지 고민되는 무언가가 있다면, 포함시켜라.

적은 목록을 정제하자

당신의 '지나간' 관심사에 ×표를 긋자. 그건 당신이 조만간 다시 손대고 싶지 않은 목록들이다. 목록 중에서 현재 당신의 흥미를 특별히 끌어당기는 관심사들에는 별표를 하자.

가능한 만족스러운 직업 목록 만들기

직업 전문가와 이야기한다고 가정해보자(아니면 실제로 이야기해볼 수도 있다). 당신의 관심사 마스터 목록을 보고 그들이 어떤 직업을 추천해줄 것 같은가? 당신과 같은 특정 배경을 가진 사람에게 어떤 직업이 추천될지 알아보는 조사를 해보자. 일반적으로 '현실적'이라고 인식되는 직업은 종종 괜찮은 만족스러운 직업이 된다. 예를 들어 당신이 '사회학 전공자를 위한 직업'에 대한 대략적인 조사를 한다면 연구원, 보험 분석가, UX(사용자 경험) 분석 등 다양한 추천 직업들을 발견할 것이다. 그리고 '스포츠와 관련된 직업'을 살펴본다면, 피트니스 감독, 운동생리학자 그리고 스포츠 영양사와 같은 직업들을 알게 될 것이다.

실제로 만족스러운 직업일지 확실히 확인하자

당신이 발견한 잠재적인 만족스러운 직업을 두고, 다음의 질문들에 답해보자.

- 이 직업이 내가 제3장에서 세운 재정 목표를 충족하게 해줄 만큼 충분한 수입을 주는가?
- 이 직업은 일주일에 얼마나 많은 시간을 차지하는가?
- 이 직업이 창의성이나 감정 혹은 육체적인 면에서 소비적이지는 않은가?
- 이 직업은 직장에서 배울 기회를 선사하는가?
- 이 직업은 재미있어 보이는가? 내가 고용주와 동료들, 그리고 일하게 될 환경을 좋아하게 될 것 같은가?
- 이 직업은 내가 추구하고 싶은 다른 프로젝트들과 충분히 다른가? 다른 유형의 기술과 사고력을 사용하는 직업인가?
- 이 직업을 가지고 다른 관심사들에 부가적으로 참여했을 경우, 나의 하루와 일주일은 어떨 것 같은가? 스케줄이 제3장에서 구상했던 나의 '완벽한 하루'와 일치하는가?

각 직업이 이 모든 기준들에 완벽하게 부합할 필요는 없으며, 추상적인 부분도 있어서 모든 질문들에 답할 수도 없을 것이다. 하지만 잠재적인 만족스러운 직업을 고려할 때,

이 질문들을 생각해보는 것은 중요하다.

잠재적인 만족스러운 사업의 목록 만들기

당신의 마스터 목록을 꺼내들자. 사람들이 당신을 돈 주고 고용할 만한 기술에는 어떤 것이 있는가? 당신이 느끼기에 모든 기술들이 아직은 전문적으로 할 수준이 아니라고 해도 걱정하지 말자. 여기서는 브레인스토밍을 하고 있을 뿐이므로, 지금은 종이 위에 모든 아이디어를 옮기면 된다. 당신은 계속해서 성장하고 변화하고 개선될 것이므로, 자기 자신을 제한할 필요가 없다.

위에서 확인한 기술들의 수익성은 얼마인가?

당신이 확인한 각 기술들에 대해, 다음과 같은 질문을 해보자.

- 이 기술을 통해 돈을 잘 벌 수 있는가?
- 이 기술에 대한 수요는 어느 정도인가?
- 이 기술은 얼마나 희소성이 있는가?
- 이 기술을 통해 채울 수 있는 틈새시장이나, 기술에 대해 더 많은 임금을 지불할 소비자가 있는가? (예를 들어 대기업을 위한 프리랜스 마케터는 중소기업이나 비영리단체에서 일하는 것보다 소득이 더 높을 것이다)

한데 모으기

새로운 종이 위에, 이 연습 과정에서 생각해낸 만족스러운 직업과 사업 아이디어 목록을 만들자.

행동하기

아인슈타인 직업에 흥미를 느낀다면, 이번 주에 시작할 수 있는 간단한 행동 단계를 하나에서 셋 정도 결정하자. 행동 단계는 개인에 따라 다르며 당신의 상황과 아이디어의 본질에 달려 있지만, 몇 가지 가능한 예시들은 다음과 같다.

- 당신이 생각하고 있는 전문 영역에서 근무하고 있는 사람과 연락해서, 해당 직업의 일상이 실제로 어떠한지를 물어보도록 하자.
- 당신의 잠재적인 수익성 좋은 기술들을 연습하고 더 향상시키자.
- 당신이 진지하게 추구하고자 하는 직업에 당신의 경험과 자격 요건이 맞을 수 있도록 이력서를 수정하자.

· 피닉스 접근법 시도하기 ·

당신은 천성적으로 일을 순차적으로 하는 사람인가? 당신은 한동안은 한 가지 주제를 끝까지 파는 것을 좋아하는가? 만약 피닉스 접근법을 받아들인다면 당신의 인생이 어떤 모습이 될지 상상해보자.

만약 당신이 여러 번 살 수 있다면 무엇을 하겠는가?

마법을 통해 당신에게 열 번의 생명이 주어졌다. 그리고 각각의 인생에서 당신이 원하는 무엇이든 될 수 있다. 무엇이 될 것인가? 목록을 작성하자(만약 필요하다면 열 개 이상도 가능하다).

우선순위를 정하자

당신의 목록에서 지금 당장 탐험해 보고 싶은 것들에 세 개까지 밑줄을 긋자.

진입하기 위한 전략에 대해 아이디어를 짜고 연구하자

당신이 밑줄 그은 각각의 경력에 대하여, 다음을 질문해보자.

- 해당 분야에 종사하거나 연관이 있는 누군가를 알고 있는가?
- 내가 참석할 수 있는 해당 분야의 행사가 예정되어 있는가?
- 어느 곳에서 자원봉사 활동을 할 수 있을까?
- 나는 이것을 통해 프리랜서로서 일할 수 있는 능력이 되는가? 만약 그렇다면, 기꺼이 무보수로 일할 수 있는 작은 규모의 사업 경영주를 알고 있는가?
- 이것의 전문성은 어느 정도의 교육 수준을 요구하는가? 내가 등록할 수 있는 수업

이나 교육 프로그램이 있는가?

- 내가 가진 기술들 중에서 새로운 환경에서 유용하게 사용할 수 있는 기술은 어떤 것들이 있는가?

부업으로 진행 가능한 프로젝트들에 대한 목록을 작성하자

새로운 종이에 현재 진행하고 있거나 시작하고 싶어했던 부업 프로젝트들의 목록을 작성하자. 이들 프로젝트들 중에서 사업으로 발전할 수 있는 것들이 있는가? 그것들로 돈을 벌고자 하는가?

당신이 해결하고 싶은 문제들은 무엇인가?

사업에 대한 아이디어를 얻기 위한 가장 좋은 방법 중 하나는 당신 혹은 당신 주변 사람들이 직면한 문제들에 대해 생각하는 것이다. 만약 연쇄 사업가가 되는 것이 당신의 흥미를 끈다면, 노트를 준비하고 당신이 알고 있는 문제점들과 잠재적 해결책들을 적기 시작하자.

행동하기

만약 당신이 몇 년마다 새로운 것이 된다는 발상에 흥미를 느낀다면, 이번 주부터 실행에 옮길 하나에서 세 가지 작은 행동 단계를 정하자. 행동 단계는 당신만의 고유한 상황에 달려 있겠지만, 여기 몇 가지 가능한 예시들이 있다.

- 평일 중간시간대에 알람을 맞추어 놓는다. 알람이 울리면, 1분간 당신의 몸이 어떤 기분을 느끼는지 생각해보자. 당신의 혐오 등급은 어느 정도인가?
- 당신의 인맥에게 연락하라. 그들에게 ㅇㅇ 분야에서 경험을 쌓으려고 한다는 사실을 알리고 당신에게 소개해줄 만한 곳이 있는지 문의하라.

• 당신이 무보수로 일을 도와주고자 하는 누군가에 대해 연구하고, 그들이 할 수 있으며 당신이 도와준다면 더 잘하게 될 한 가지를 찾아보자.

감사의 말

이 책은 여러 멋진 사람들의 지지와 지혜가 아니었다면 불가능했을지 모릅니다.

퍼티라이크 커뮤니티에 있는 모든 회원분들과 방문자 여러분들이 아니었다면 이런 진전은 없었을 거라고 생각합니다. 여러분들은 끊임없이 제게 영감을 불어넣어주었고 아주 많은 것들을 가르쳐주었습니다. 저는 여러분들이 주신 피드백과 아이디어 그리고 몇 년간의 우정에 대해 어떻게 감사의 말씀을 드려야 할지 모르겠습니다. 저는 이 책을 '우리의 것'이라는 생각으로 썼으며, 제 마음속 중심에 있는 여러분 모두를 위한 책임감을 가지고 집필에 임했습니다.

저의 담당 에디터 힐러리 로슨Hilary Lawson을 비롯해 출판사의 모든 관계자들, 특히 시드니 로저스Sydney Rogers와 킴 데이먼Kim Dayman, 아디아 코라Adia Colar 그리고 노엘 크리스먼Noël Chrisman의 고된 작업과 변함없는 열정에 대해 깊은 감사를 드립니다. 힐러리, 당신보다 더 멋진 에디터를 찾을 수 없었을 거라 생각해요. 당신은 이 책을 시작부터 책임져주었고, 당신의 지원과 솔직함은 집필 과정의 벅찬 업무를 즐거운 시간으로 만들어주었어요.

저의 에이전트 앨리슨 헌터Allison Hunter와 스튜어트 크리셰프스키 에이전시The Stuart Krichevsky Agency 모든 직원분들께도 감사를 전합니다. 앨리슨, 당신의 신뢰와 지지 그리고 기발한 아이디어들에 감사해요. 특히 제게 보여준 대도시에서의 살아남는 요령들에 대해서요!

무엇보다 제가 인터뷰하고 조사한 다능인들에게 정말 감사한 마음을 전합니다. 당신들은 이 책을 더 풍부하게 해주었습니다. 당신들과의 시간 그리고 놀라운 스토리들은 제게 있어 그 무엇과도 바꿀 수 없는 것입니다.

그리고 엄마 아빠, 제가 진정으로 끌리는 것들을 탐험할 수 있도록 해주셔서 감사해요. 그리고 제게 배움이란 그 자체로 가치 있는 것이란 사실을 가르쳐 주셔서 감사합니다.

그 외에도 이 책이 나오기까지 알게 모르게 도움을 준 아주 많은 친구들과 가족들 그리고 동료들이 있습니다. 제이슨 무어Jason Moore와 이선 월드먼Ethan Waldman, 다이앤 폴리Diane Pauley, 요엘 자스로프스키Joel Zaslofsky, 조안나 제임스 린Joanna James-Lynn, 닐 휴스, 존 네퍼Jon Knepper, 라미 뉴세어Rami Nuseir, 에이브 카후도 그리고 마이크 펌프리까지. 너희 모두가 나의 가족이야(아니면 나의 '괴짜들'이거나). 블로그를 하면서 너희를 만난 것이 가장 좋은 일이었어. 파멜라 슬림Pamela Slim과 크리스 길아보Chris Guillebeau, 바버라 셔, 셰릴 돌란Cheryl Dolan, 위트니 오토Whitney Otto, 조이 해리스Joy Harris, 마고 유, 팀 맨리, 멜레아 수어드, 아리안느 코헨 코지Arianne Cohen Cozi, 브라이언 버크Brian Burk, 노라 브룩스Nora Brooks, 앤 라스무센Anne Rasmussen, 윌리엄 앤서니William Anthony, 브리짓 라이언스Brigitte Lyons, 매기 해슬러Maggie Hassler, 티나 파이퍼Tina Piper, 니샤 나타니Nisha Nathani, 테드TED 팀원들, 스테프Stef, 발리Varley, 스튜어트Stuart, 그리고 알Al에게도 특별한 감사를 전합니다.

마지막으로 이 책의 스타일과 본문 그리고 건방진 말투에 있어 초안을 편집하는데 아주 많은 시간을 할애해준 발레리Valerie가 있습니다. 이건 일종의 협동작업이었어. 네가 없었다면 이 책을 끝마치지 못했을 거야. 너는 내 삶을 훨씬 더 쉽게 만들어 주었고 매우 만족스럽게 해주었어. 너의 무한한 사랑과 격려, 영리함 그리고 인내력에 감사해. 나는 정말로 운이 좋은 사람이야.

옮긴이의 말

　이 책을 처음 접한 것은 도쿄로 들어온 지 5개월이 되던 무렵이었다. 새로운 삶을 꿈꾸며 호기롭게 서울의 모든 생활을 정리하고 들어왔건만 어쩐지 생각대로 되지 않던 시간이었다. 무엇보다 난감했던 건, "그래서 지금 네가 거기서 무얼 하고 있다고?"라고 묻는 주변 사람들의 반응이었다. 매일매일 내 이름이 찍힌 번역서가 나오는 것이 아니니, 그저 허송세월하고 있는 것으로 보인다 해도 무리는 아니었다.

　그런 때 만난 이 책의 저자 에밀리 와프닉은 내게 새로운 공기를 불어넣어주었다. 그녀는 말한다. "당신에게 잘못은 없다"고 말이다!

　요즘 사람들은 꿈과 직업을 한데 묶어 생각한다. 모두들 어린 시절

부터 꿈을 이루는 직업을 가져야 한다고 말한다. 그리고 그런 직업을 가지지 못하면 실패한 인생이라고 생각한다. 혹은 그런 직업을 가졌다고 하더라도 돈이 안 되는 경우, 그 역시 실패라고 여긴다. 10대 시절 앞만 보며 공부해서 대학에 들어간 우리는 20대에는 구직 활동에 매달린다. 그리고 30대에는 '돈을 많이 버는 꿈이 없는 직업'을 가지거나 '꿈을 이뤘지만 돈을 벌지 못하는 직업'을 가진다. 그렇게 40대가 되면 '아, 이번 생은 틀렸으니 다음 생을 기약하자'라고 포기하게 된다.

하지만 에밀리는 그럴 필요가 없다고 말한다. 직업을 꿈과 연관시키는 우리의 생각을 살짝 바꾸기만 하면, 새로운 길이 열린다. 하나의 직업만을 가질 필요도 없고, 지금 직업이 마음에 들지 않더라도 그것을 포기할 필요가 없으며, 우리의 꿈으로 무언가 꼭 대단한 일을 할 필요도 없다. 흥미롭지 않은가?

저자가 자신의 경험을 바탕으로 한 테드 강연 '어떤 사람들에게 하나의 천직이 없는 이유Why Some of Us Don't Have One True Calling'는 500만에 달하는 조회수를 기록하고 있다. 그만큼 그녀의 입장에 동의하는 이들이 많다는 뜻이다. 그동안은 '꼭 최고가 되어야 한다', '한 분야에서 경력을 쌓아야 한다'는 말들에 주눅 들어 있던 사람들이 에밀리와 함께 용기를 내기 시작했다. 이 책을 읽게 된 당신도 새로운 용기를 얻기를 바란다.

이 책을 본격적으로 읽기에 앞서 독자들이 알았으면 하는 것이 있다. '다능인'이라는 용어에 너무 겁먹지 않는 것이다. '다능인이라고? 난 하나도 제대로 못해서 여러 일을 펼쳐 놓고만 있는데 내가 그런 다재다능한 사람일 리 없잖아' 하고 말이다. 어쩐지 다능인이라고 하면 뭐든지 잘하는 사람이라는 뜻으로 해석되기 쉽다. 하지만 에밀리가 말하는 다능인은 다양한 관심을 가진 사람이다. 뭐든지 최고로 잘하는 사람이 아니라, 뭐든지 최고로 흥미를 갖는 사람을 말하는 것이다. 그러니 책을 차근차근 읽어나가며 자신이 어떤 타입의 다능인인지 알아가길 바란다. 당신은 안정성보다 자유와 유연성을 더 가치 있게 여기는 '슬래시형 다능인'일 수도 있고, 취미로만 관심사를 추구해도 만족할 수 있는 '아인슈타인형 다능인'일 수도 있다. 자기 자신을 잘 이해한다면 앞으로 어떤 상황에서도 주눅이 들지 않고 당당하게 자기 자신을 소개할 수 있게 될 것이다.

개인적으로는 '최고가 아니라도 괜찮다'는 그녀의 말이 많은 용기가 되었다. 꼭 최고가 되지 않아도 자신이 좋아하는 일을 꾸준히 이어나가는 것은 대단한 일이다. '항상 당신보다 더 잘하는 사람과 못하는 사람이 존재하기 마련이다. 그것이 인생이다'는 그녀의 말은 경쟁 사회 속의 우리에게 큰 의미로 다가온다. 이제 꿈과 멀어진 채 직장을 다니고 있다거나 꿈을 통해 성공하지 못했다는 생각으로 자책하지 않아도 된다. 에밀리가 네 가지 다능인 분류로 우리를 새롭게 정의해 줄 테니 말이다.

이 책을 번역하는 일은 즐거운 시간이었다. 번역가에게 행복이란 자신의 뜻과 꼭 맞는 책을 번역하는 일이라고 생각한다. 에밀리의 주장들은 억지 없이 명료했으며, 해결책도 그저 자기합리화가 아닌 현실적이고도 분명한 것들이었다. 그녀의 책을 번역하게 되어 행운이었다.

김보미

옮긴이 김보미

고려대학교 국어국문학과를 졸업했으며, 성균관대학교 번역테솔대학원을 졸업했다. 현재 번역 에이
전시 하니브릿지에서 전문 번역가로 활동하고 있다. 옮긴 책으로는 『사랑 끌림의 심리학: 행복한 남
녀관계를 위한 실용적인 안내서』, 『돈, 피, 혁명』, 『비즈니스는 유대인처럼』, 『다니고 싶은 회사 만들
기』, 『보이지 않는 영향력』, 『해결중심치료로 상처 치유하기』 등이 있다.

모든것이 되는법

초판 1쇄 인쇄 2017년 11월 23일
초판 17쇄 발행 2024년 8월 26일

지은이 에밀리 와프닉 **옮긴이** 김보미

발행인 이봉주 **단행본사업본부장** 신동해
편집장 조한나 **디자인** 데시그 **마케팅** 최혜진 이인국
홍보 반여진 허지호 송임선
국제업무 김은정 김지민 **제작** 정석훈

브랜드 웅진지식하우스
주소 경기도 파주시 회동길 20
문의전화 031-956-7211(편집) 031-956-7089(마케팅)
홈페이지 www.wjbooks.co.kr
인스타그램 www.instagram.com/woongjin_readers
페이스북 www.facebook.com/woongjinreaders
블로그 blog.naver.com/wj_booking

발행처 ㈜웅진씽크빅
출판신고 1980년 3월 29일 제406-2007-000046호

한국어판 출판권 ⓒ웅진씽크빅, 2017
ISBN 978-89-01-22074-1 03190

웅진지식하우스는 ㈜웅진씽크빅 단행본사업본부의 브랜드입니다.

* 책값은 뒤표지에 있습니다.
* 잘못된 책은 바꾸어 드립니다.